THICH NHAT HANH

一行禪師

和好

療癒你的內在小孩

RECONCILIATION

Healing the Inner Child

窮小孩

珍貴的寶石存在於宇宙的每一處，
也存在於你我之內。

我想送你一撮，親愛的朋友。
是的，這個早上，我想送你一撮，
一撮從清晨閃爍到晚間的寶石。
我們生活的每一刻都是一顆寶石
內含天與地，
陽光與河流。

我們只需溫柔地呼吸讓奇蹟顯現：
鳥兒歌唱、花兒盛放。

這裡是藍天，這裡是白雲飄蕩，
你可愛的模樣，你美麗的微笑，
全都含藏在一顆寶石內。

你就是地球上最富有的人，
但表現得卻如貧窮的孩子。
請返回你所繼承的遺產吧。

讓我們互贈幸福，
學習安住在當下時刻。
讓我們在自己的雙臂裡珍惜生命，
放下輕忽和絕望。

——釋一行

和好

療癒你的內在小孩

目錄

第二部　療癒故事

第三部　療癒練習

序言○內在小孩

每個人內在都有一位年幼的受傷小孩。所有人在童年都經歷過困難，甚至是創傷。為了保護自己以及防備將來再受痛苦，我們嘗試忘記從前的苦痛。每次觸及痛苦的經歷，我們以為自己會無法忍受，因而將感受與記憶深深地埋藏在潛意識內。幾十年來，我們可能因此不敢面對自己的內在小孩。

但是忽視這個小孩並不表示他不存在。這位受傷的小孩一直在那裡，期待著我們的關注。小孩說：「我在這裡，我在這裡，你不能避開我，你不能逃離我。」我們將小孩遣送到內心深處，並盡量遠離，希望藉此停止我們的痛苦。但逃離並不能停止我們的痛苦，而只是延續了痛苦。

受傷的內在小孩請求關愛，但我們卻做著相違背的事情。因害怕面對痛苦，我們選擇逃避。我們無法面對內在糾結的痛苦和悲傷，即使有時間，我們也不願返回自己的內在。我們讓自己持續接觸外在的刺激：看電視或上電影院、交際應酬、喝酒甚至吸毒——因為我們不想再次感受以前的痛苦。

受傷的小孩就在那裡，但我們並不知道。受傷的小孩在我們之內是事實，但我們覺察不到他的存在。無法覺察即是無明。那小孩嚴重受傷害，他或她急切需要我們回到內在，但我們選擇了遠離。

無明存在於我們的身體和意識的每一個細胞內，就像是一滴墨溶入一杯水之中。無明導致我們看不到實相；它驅使我們做愚蠢的事情，這些行為讓我們受到更多的痛苦，也令內在的小孩再次受到傷害。

受傷的小孩也存在於我們身體的每一個細胞內。身體沒有一個細胞不存在這個受傷的小孩。我們不需要追憶從前尋找這個小孩，只要深入觀察自己，就能接觸到他。

受傷小孩的痛苦此刻就在我們之內。

然而，正如痛苦存在於身體的每一個細胞，先人傳遞給我們的覺醒、理解與幸福的種子同樣存在，我們需要運用它們。我們內在有一盞燈——正念的燈，我們隨時可以點亮它。我們的呼吸、我們的腳步及我們平靜的微笑，就是點亮這盞燈所需要的油。我們必須點亮正念的燈，讓燈的光明驅散並終止黑暗。我們的修習就是要點亮這盞燈。

當我們開始察覺自己遺忘了內在受傷的小孩，我們會對這位小孩充滿慈悲，也因此生起正念的能量。正念步行、正念靜坐和正念呼吸的修習是我們的基礎。通過正念呼吸和正念的步伐，我們能夠滋養正念的能量，並回到存在於身體細胞內的覺醒智慧。正念的能量將擁抱和療癒我們，並療癒我們內在受傷的小孩。

聆聽

當我們說到慈悲聆聽，我們通常會想到聆聽別人講話。但我們也必須聆聽內在受傷的小孩。有時候，受傷小孩需要我們的全神關注。這個小孩可能會從心識的深處浮現，向你索求關注。如果你有正念，你會聽到他的呼救聲。這個時候，你應放下一切面前的事，轉而返回內在，溫柔地擁抱受傷的小孩。你可以用愛的語言直接跟小孩說：「過去，我遠離你，令你孤單；現在，我感到很抱歉。我要擁抱你。」你也可以說：「親愛的，我為你而在此。我會好好照顧你。我知道你受了很多苦。我一直很忙，因而忽略了你，現在我懂得回到你的身邊。」如果有需要，你可以和小孩一起哭泣。無論什麼時候，只要有需要，你可以坐下來和小孩一起呼吸。「吸氣，我回到我的受傷小孩；呼氣，我照顧我的受傷小孩。」

你需要每天多次與內在小孩傾談，這樣才能達到療癒之效。溫柔地擁抱內在的小孩，你告訴他，你不會再令他失望，或者忽視他。內在的小孩已被遺棄了很長時間，因此你需要立即開始這個修習。如果你現在不修習，甚麼時候才開始修習呢？

如果你知道怎樣回到內在小孩的身邊，每天聆聽他五至十分鐘，療癒的效果就會顯現。當你攀登美麗的山峰，邀請你的內在小孩同往；當你對著落日靜思，邀請他與你一起享受日落之美。如此修習幾個星期或幾個月，內在受傷的小孩就能得到療癒。

通過修習，我們會瞭解到內在小孩不僅是自己，他可能代表了幾個世代。我們的母親可能在一生中經歷許多痛苦，我們的父親也受苦。他們也許不懂得照顧內在小孩，因而當我們擁抱內在受傷的小孩時，也是在擁抱我們先人的受傷小孩。修習不只是為了自己，也是為了無數代的祖先和後代。

我們的先人可能不懂得照顧內在受傷的小孩，因而把他們受傷的小孩遺傳給了我們。我們的修習就是要停止這樣的循環。如果我們能夠治療內在受傷的小孩，我們不單釋放了自己，也釋放了傷害過我們甚至是虐待過我們的人。虐待者可能曾經是被虐待者。有很多人與內在小孩一起修習一段時期後，減輕了痛苦並得到轉化，他們與家人和朋友的關係變得更和諧。

我們受苦，是因為沒有接觸到慈悲和理解。如果我們能夠為受傷的小孩生起正念、理解和慈悲，我們的痛苦就會減少。當我們能夠滋養正念、慈悲和理解，我們就能夠讓別人愛我們。從前，我們可能猜疑所有人和事，慈悲有助我們與別人連繫，並恢復溝通。

我們身邊的人、我們的家人和朋友，內在可能都有一位嚴重受傷害的小孩。如果我們能夠幫助自己，我們就能夠幫助他們。當我們療癒了自己，人際關係自然能恢復和諧，我們的內在會有更多的平安和慈愛。

回來照顧自己吧。你的身體需要你、你的感覺需要你、你的認知需要你、你內在的受傷小孩需要你，你的痛苦需要你承認它的存在。返回內在的家吧，為所有這些安住在當下。修習正念步行和正念呼吸，以正念做每一件事，你因此能夠真正活著，你因此懂得愛。

第一部

§

療癒之道

1 正念的能量

正念（Mindfulness）的能量是療癒的良藥，能夠辨認和治療內在受傷的小孩。但我們如何能夠培養這種能量呢？

佛教心理學將心識分成兩部份，一部份是意識，另一部份是藏識。意識是積極的覺察，西方心理學稱之為顯意識。要培養正念的能量，我們需要對自己進行的所有活動保持覺察，真正地存在於自己所做的事情之中。無論是喝茶或開車，都保持正念。當我們行走時，覺察自己在行走；當我們呼吸時，覺察自己在呼吸。

藏識也稱為根本識，是我們意識的基礎，西方心理學稱為潛意識。那裡藏著我們所有過去的經歷，具有學習和處理資料的能力。

我們的身心常常不是一體的。面對日常工作，我們身體在做，意識並不在。我們單以藏識便可處理很多事情，我們的意識則可以想著千百樣其他的事情。譬如當我們在市區裡開車，意識毋需想著開車，但仍可以抵達目的地，也不會迷路或發生意外，因為藏識在獨立運作。

心識就像一間房子，地下室是我們的藏識、客廳是我們的意識。心行（亦即心念、心理現象）包括了憤怒、悲哀或者是喜悅，是以種子（bija）的形式存在於藏識。我們有憤怒、絕望、歧視、恐懼的種子，也有正念、慈悲以及理解的種子。藏識就是由這些種子組成的，它也像土壤一樣，保存和滋養所有的種子。這些種子留在那裡，直到我們聽到、看到、讀到、或者是想到一些事情觸及了一顆種子，那顆種子可能會讓我們感到憤怒、喜悅或者悲傷。當種子成長，在意識的層面顯現，進入了我們的「客廳」，此時我們不再稱它為種子，而是一個心行。

當有人說了一些話或者是做了一些事情惹惱了我們，觸及我們憤怒的種子，憤怒的種子就會在心識中顯現，成為憤怒的心行。「行」（formation）這個字在佛教用語裡，是指任何組合而成的或由其他條件聚集合成的東西都是「行」。奇異筆是「行」；我的手、花、桌子、房屋都是「行」。房屋是物質現象、手是生理現象、憤怒是心理現象。在佛教心理學中，我們說有五十一類不同的種子，會顯現為五十一個心行，憤怒是其中一個。在藏識中，憤怒稱作種子；在心識中，它稱作心行。

當一顆種子，譬如憤怒的種子上升到我們的「客廳」，成為一個心行，我們可以做的第一件事便是接觸正念的種子，邀請它也一起顯現，因而「客廳」中有了兩個心行。這是對於憤怒的正念。正念總是有個正念的對象：當我們正念地呼吸，這是呼吸的正念；當我們正念步行，這是步行的正念；當我們正念進食，這是進食的正念。在這個例子中，正念是對憤怒而言，正念覺察到憤怒，擁抱憤怒。

我們的修習是基於非二元的了悟——憤怒不是敵人。正念和憤怒都是我們自己。正念不會壓抑或者對抗憤怒，而是覺察憤怒和看顧憤怒。正如兄長幫助弟弟，正念的能量覺察到憤怒的能量，然後溫柔地擁抱它。

每當我們需要正念的能量，只需正念呼吸、正念步行和微笑，便能接觸正念的種子，我們因而有能量覺察、擁抱，能夠深入觀察以及轉化。無論我們在做什麼：煮飯、拖地、洗衣或者走路，只要覺察自己的呼吸，都能培養正念的能量，在我們之內的正念種子就會更強壯。在正念的種子之內，有「定」的種子，有了這兩種能量，我們就能從痛苦中得到解脫。

心需要良好的循環

我們知道，體內有毒素。如果血液不能正常循環，就會積聚毒素。為了保持身體健康，我們需要排除這些毒素。當血液循環良好，腎和肝就能執行它們的任務——排出毒素。按摩身體其實就可以幫助血液循環。

我們的心識同樣會出現循環不良的狀況。我們體內可能會有疼痛、苦楚、悲傷及絕望的硬塊，這是心識的毒素，我們稱之為結使（internal formation）或心結。用正念的能量擁抱痛苦和悲傷，就是修習按摩我們的心識。當血液不能正常循環，身體的器官就不能正常運作，我們因而生病；而當我們的心靈不能完善地循環，我們的心就會生病。正念能夠刺激和加速整個痛苦硬塊的循環流動。

佔據「客廳」

疼痛、苦楚、悲傷及絕望的硬塊總是希望能夠上升到我們的意識，進入我們的「客廳」。它們日漸生長，需要我們的關注。但我們不想這些不速之客到訪，因為面對它們會很痛苦。我們嘗試阻止它們，把它們留在「地下室」安睡著。我們不想面對它們，因而慣性地邀請其他「客人」來充塞「客廳」。即使我們只有十或十五分鐘的休息時間，我們也會做一些事情佔據「客廳」：打電話給朋友、看書、打開電視或者開車出去兜風。我們希望當「客廳」被其他事物佔據後，負面的心行便無法顯現。

但所有的心行都需要流動。如果我們不讓它出現，它就會在心靈之中產生不良的循環，在我們的身心顯現為精神疾病和抑鬱的症狀。

當我們頭痛時，我們可能會服用阿斯匹靈，但有時頭痛並沒有消失，這樣的頭痛可能是精神疾病的症狀。當出現敏感症症狀時，我們以為這是生理問題，但敏感症也可能是精神疾病的症狀。我們遵從醫生的指示服藥，結果是內在情緒持續受到壓抑，令病情更嚴重。

拆除屏障

如果我們解開害怕痛苦的心結，我們會逐步容許它們流動上升到我們的「客廳」，並學習用正念擁抱和轉化它們。當我們拆除「地下室」與「客廳」之間的屏障，痛苦的硬塊便會浮現，那時我們需要承受一點痛苦，這是無法避免的，因為我們的內在小孩在「地下室」已逗留了太長的時間，可能早已累積了許多恐懼和憤怒。

這是為什麼修習正念是如此重要。如果沒有正念，那麼當這些負面的種子浮現時，我們就會很痛苦。如果我們懂得培養正念，每天邀請它們顯現並擁抱它們，這樣做就會有療癒之效。正念是一股強大的能量，能夠覺察、擁抱以及看顧那些負面的能量。最初這些負面的種子可能並不想露面，因為有太多的恐懼和不信任，所以我們要哄哄它們。經過多次的擁抱，強烈的情緒會返回地下室，再次成為種子，但這顆種子比之前柔弱了許多。

每一次你給心結一次正念浴，痛苦的硬塊就會更為柔軟。因此，每天給你的憤怒、絕望和恐懼一次正念浴，每天這樣帶它們上來，然後讓它們返回「地下室」，經過多日或者是數星期後，你就為自己的心靈創造了良好的循環和流動。

正念的功能

正念的第一個功能是覺知而不對抗。我們可以在任何時候停下來，然後覺察內在小孩的存在。當我們第一次覺知到內在受傷的小孩，我們需要做的只是覺察他，然後打個招呼，就是如此。可能這個小孩很悲傷，如果我們注意到這一點，可以吸一口氣，然後跟自己說：「吸氣，我知道悲傷在我之內顯現。你好，我的悲傷。呼氣，我會好好照顧你。」

一旦覺察到自己的內在小孩，正念的第二個功能就是擁抱他。這是非常愉悅的修習。我們不再和自己的情緒對抗，而是好好照顧自己。正念帶著它的盟友——定，覺察內在小孩，然後溫柔地擁抱他，只要幾分鐘就能舒緩情緒。痛苦的情緒可能還在，但我們不再受苦。

覺知和擁抱內在小孩後，正念的第三個功能是舒緩和減輕難熬的情緒。當我們溫柔地懷抱這個小孩，就是在舒緩這些複雜的情緒，我們因此感到平靜。用正念與定擁抱強烈的情緒，我們可以看到這些心理現象的根源，我們能知道痛苦來自哪裡。看到事物的根源，我們的痛苦就能減輕。正念能夠覺察、擁抱和舒緩負面情緒。

正念的能量除了包含了「定」的能量，也包含了智慧的能量。定幫助我們專注於一個事物。有定，觀的能量便會增加，智慧隨之而來。智慧擁有解脫的力量。如果正念存在，我們又懂得如何持續保持正念，定就會同在；當我們懂得持續保持定，智慧亦會到來。正念的能量幫助我們深入觀察，獲得所需的智慧，我們因而能夠轉化負面情緒。

2 與先人及後代一體

不知道你是否還記得你在母親子宮裡的事情，我們所有人都在那裡逗留了大約九個月，這算是一段頗長的時間。我設想有些人還會記得一些事情、一些感覺。我們在那段時間曾經微笑或哭泣嗎？我相信我們所有人都曾經有機會在那九個月內微笑。當我們感到幸福快樂時，自然就會微笑。我曾見到兒童在睡覺時微笑，在他們內在一定有些非常美妙的事情，讓他們能夠這樣微笑。

我相信大多數人仍記得在母親子宮裡的日子。我們可能感到自己在一個完全安全和被保護的天堂，在那裡我們不用擔心任何事情。現在我們已失去在母親體內的天堂。

在越南文裡，子宮稱為 Tu Cung，意思是「孩子的皇宮」。

在這個皇宮裡，母親為我們而吃，為我們而喝，為我們而呼吸空氣。你有沒有想過，在母親的子宮裡你有時會做夢？我們那時還沒見到外面的天空和河流，但在我們的夢裡，我們可能已經見過一些東西。可能當母親做夢時，我們見到她所見到的。當母親夢見一些令她難過而哭泣的事情，我們可能也會跟著哭泣；當母親微笑時，我們可能也會微笑。我們和母親猶如一人，而非兩人。在我們之間有一個有形的連接——臍帶。通過臍帶，母親給我們輸送食物、水份、氧氣、以及所有的東西，包括愛。

這不是說父親在那段時期沒有給我們任何東西。我們之中有些人的父親知道我們在那裡，他知道如何關懷母親，讓母親可以更好地看顧我們。我們之中有些人的父親懂得用愛的語言和母親講話，或者依偎在母親的腹部，溫柔地和我們講話，他知道我們聽到了他說話。

當我們還在母親體內，有些人的母親也會和孩子講話。當我們聽到時，我們可能會作出反應。有時母親可能忘記了我們在她裡面，所以我們會踢她一下提醒她。我們的這一踢是正念的鐘聲，當母親感覺到我們的動作時，她會說：「親愛的，我知道你在那裡，我非常幸福。」

當我們出生時，臍帶會被剪斷。那時我們首次大聲哭叫。我們開始要自己呼吸，到處都是眩目的光。母親抱著我們，那時我們已經在母親體外了，但不知何故，我們還是覺得在母親身體裡。雖然臍帶已不在，我們還是以非常實在和親密的方式和母親連接著。

相互依存

通過修習靜坐，我們仍可看到連接我們和母親的臍帶。我們看到母親不單在我們之外，也在我們之內。臍帶仍然在那裡。當我們深入觀察，我們還可以看到連接著我們和其他事物的「臍帶」。想像有一條臍帶連接著你和太陽。每天早上太陽升起，感謝太陽，我們有了光，我們有了溫暖。沒有光，沒有熱，我們無法生存。我們依靠太陽就像依靠母親一樣，因而有「臍帶」連接著我們和太陽。另一條「臍帶」連接著我們和天空的雲朵，如果沒有雲，就沒有雨，沒有雨就沒有水，就沒有牛奶、茶、咖啡、冰淇淋，什麼都沒有。另外一條「臍帶」連接著我們與河流，另外一條連接著我們與森林。如果我們持續深觀，我們可以看到我們與宇宙所有的人和事相連。我們依靠其他的生命——生物以及非生物，如植物、礦物、空氣與水，才得以生存。

當你長大成人，你可能會相信你和母親是兩個不同的人，但事實並非如此。我們是母親的延續。我們錯誤地相信我們與母親是不同的人，我們其實是父母，以及先人的延續。

想像我們是播在泥土裡的玉米種子。七天後，它發芽並開始長出玉米稈。當玉米稈持續長高，我們再也看不到那顆種子。但那種子並沒有死去，它仍然在那裡。深入觀察時，我們仍可在玉米稈中看到那顆種子。種子和稈並非兩個不同的實體，一個是另一個的延續。玉米稈是玉米種子的未來；而玉米種子是玉米稈的過去。它們不是同一樣東西，也不是不同的東西。你與母親不是完全同一人，也不是完全不同的人。這是非常重要的課題。沒有人可以獨立存在，我們必須相即（相互依存），與每一個人和每一個事物相連。

如果我們深觀身體的每一個細胞或者是意識內的每一個細胞，我們會看到所有先人在我們之內。所謂我們的先人，指的並非只是人類，當人類出現之前，我們是其他的物種。我們曾經是樹、植物、草、礦物、松鼠、鹿、猴子以及單細胞動物。我們是這個生命河流的延續。

假設我手握一片葉子，你會看到什麼？一片葉子是一片葉子，不會是一朵花。但事實上，當我們深觀葉子，我們看到很多東西。我們看到植物、陽光，雲、大地。當我們唸「葉子」這個詞時，我們要覺察到葉子是由非葉子的元素組成。如果我們移除這些非葉子的元素，如陽光、雲以及泥土，葉子就不存在了。就像我們的身體，我們與其他生物及非生物不是一體，也不是分隔的，我們與每一物相連，而每一物都是活著的。

身語意的業

當作曲家或畫家創作了一首樂曲或一幅畫時，他們會在作品上簽名。而在日常生活中，我們會思考、講話以及行動，當我們產生一個念頭，那念頭就有著我們的簽名。深入觀察我們的思想，不管它是對或錯，我們看到它帶著我們的名字，因為它是我們的產物。正思惟，就是與同理心、慈悲以及智慧同在的思想。在日常生活中，我們需要謹慎地觀看念頭，以確保我們的思想與正思惟一致。我們在生命的每一刻，都有機會製造正思惟。我們的思想是我們的語言和行為的基礎，我們傳遞思想、語言以及行為——總的來說就是我們的「業」——給我們的孩子以及這個世界，也就是我們的未來。

我們所說的每句話也都是我們的產物。無論我們的言語是對是錯，它都帶有我們的簽名。言語可以造成破壞，我們所說的可能會導致憤怒、絕望或者悲傷。所以如果帶著正念，我們就會製造正語，亦即能夠帶來理解、慈悲、歡樂以及諒解的語言。通過修習正念，我們在每一刻製造蘊藏我們簽名的正語以及愛語，這就是我們傳遞給我們的孩子以及這個世界的，而這就是我們的延續。

我們的行為同樣帶有我們的簽名。不論我們是做了一些事情保護了生命、幫助人們減少痛苦、或者是表達理解以及慈悲，都是正確的行為。讓我們保持正念，不要製造帶著暴力、仇恨、恐懼以及歧視的行為，因為這些行為都有著我們的簽名。我們無法否認這是我們的產物，這確實來自我們。我們塑造自己，塑造未來，我們必須奉獻自己最完善的思想、言語以及行為。正念能助我們覺知自己是否為未來獻上最好的東西，也助我們記得，我們所做的一切都是自己的，是我們的延續。

與先人同行

當我們才四歲大的時候，我們可能會這樣想：我只是四歲的孩子，是兒子或者是女兒，是小弟弟或者小妹妹。但事實上，我們已是一位母親，一位父親。我們的先人和後代，都在我們身上。當我們在春天的綠草上行走了一步，我們走得如容許所有的先人與我們同走了這一步。每一步帶來的安詳、喜悅以及自在，滲入我們的每一位先人以及後代。帶著正念的能量行走，我們在每一步中看到無數代的先人及後代與我們同行。

當我們吸氣，我們感到輕盈、安靜以及自在。我們呼吸得有如所有的先人及後代都與我們一同呼吸。只有如此，我們才是跟隨著最完善的教導呼吸。只需一點正念、一點專注，我們就能深入觀察及了悟。首先，我們可用想像的方式觀想所有的先人與我們邁出同一步。逐漸地，我們無需再靠想像，當我們邁出每一步，我們就能看到這是過去的和未來的所有人邁出的步伐。

當我們從父親或母親那裡學會煮一道菜，我們的家族代代相傳的一道菜，我們應該看著自己的雙手微笑，因為這是我們的母親的手，這是我們的祖母的手。那些曾經煮過這道菜的，現在正在烹調這道菜。當我們在廚房做菜，我們可以完全專注，我們不用到禪堂才修習專注。

從前，你的祖父會不會玩排球？你的祖母是否每天去慢跑？她在行走或跑步時，能不能夠安住在當下？當我們跑步時，我們該讓祖母和我們一起跑步。你的祖母存在於你身體的每個細胞內。當你慢跑時、當你行禪時、當你體會到安住於當下的愉悅時，你帶著在你之內的所有先人。你的先人可能沒機會像你一樣修習，現在，無論我們是在修習正念步行、跑步、或是呼吸，我們都有機會為無數代的祖先帶來幸福和喜悅。

一些問題譬如「我是誰？」、「我從哪裡來？」、「是否有人愛我？」、「我們生命的意義是什麼？」會令我們受到折磨。我們受苦，因為我們陷入一個分立的「我」的概念中。當我們深入觀察，我們可以修習「無我」，了悟其實沒有一個獨立存在的「我」，我們與所有的先人、與所有的生物以及非生物相連。

西方心理學的目的在於幫助我們建立一個固定、完整的「我」。由於西方心理治療還是陷入「我」的概念中，因而只能帶來一點轉化或者療癒，而不能帶來更大的幫助。只要我們還陷於一個分立的「我」的概念中，無明就還在我們之內。當我們看到了「我」與「非我」的緊密聯繫，無明就會得到療癒，痛苦、憤怒、嫉妒及恐懼就會消失。當我們修習「無我」，我們就能超越那些令人們受苦的問題。

我們是生命之流的延續。可能我們的父母不懂珍惜我們，但我們的祖父、祖母以及先人渴望我們來到這個世界。這是真實的，我們的祖父、祖母以及先人非常希望我們成為他們的延續。如果我們懂得這個事實，我們便不會因為父母的行為而受苦。有時候我們的父母充滿愛，有時候充滿憤怒。他們的愛和憤怒不僅來自他們，也來自所有的先人。當我們明白這一點，我們就不會再抱怨父母令我們受苦。

習氣

靜坐的目的是讓我們深觀事情，看到事情的根源。無論我們做了什麼，當我們深觀這個行為，我們就能識別這個行為的種子。這顆種子來自我們的先人，不論我們做什麼，我們的先人在同一個時間在做同一件事。父親、祖父和曾祖父都與你一起做這個行為；母親、祖母和曾祖母也都與你一起做這個行為。我們的先人在我們體內每一個細胞。有些種子在我們生命過程中種下，也有一些是我們還沒有這個身體前就已經種下。

有時候我們沒有動機而做了一些行為，無論如何，這確實是一個行動。「習氣」在推動我們，它推動我們做一些自己不自覺的事情。有時候我們行動，但不知道自己在做什麼；甚至我們並不想做的事情，我們還是做了。有時候我們會說：「我不想這樣做，但有很強烈的力量推著我做了這樣的事。」這就是種子，這就是習氣，它可能來自我們很多代的先人。

我們繼承了很多東西，但若具有正念，我們就能覺察我們之內來自先人的習氣。我們可能會發現父母或者祖父母在某方面也是跟我們一樣柔弱；我們可以覺察到來自先人的負面習氣，但不給予批評；我們可以向自己的弱點以及習氣微笑。有了覺察，我們就可以選擇，選擇以另一個方式回應，這樣我們就能夠在當下停止苦的循環。

從前，當我們看到自己無意識的行為，看到自己繼承先人的一些東西，我們可能會責備自己。我們看到自己是一個個體，一個獨立的個體，有著很多缺點，但當我們有了覺察力，我們就開始轉化以及放下這些習氣。

通過修習正念，我們覺知到習氣在產生作用，這是正念帶來的第一個覺察。之後，如果我們有興趣，念和定會幫助我們看到自己行為的根源。那個行為可能受昨天發生的一件事的啟發，也有可能這個行為已有三百年的歷史，源自我們其中一位先祖。一旦覺察自己的行為，我們可以決定這個行為是有益或無益，如果對人們無益，我們就可決定不再重複同樣的行為。如果我們能覺察自己的習氣，對自己的思想、言語及行為有更多覺知，我們不單轉化了自己，也轉化了播下種子的先祖。我們不僅是為了自己修習，也為先人、後代，以及為整個世界修習。

當我們能夠向挑釁的行為微笑，我們就能覺察到自己所具有的能力，並珍惜它，同時持續這樣做。如果我們能夠這樣做，那麼也代表了我們的先人同樣能向挑釁他們的行為微笑。如果一個人能夠在面對挑釁行為時，保持冷靜和微笑，這個世界就有更多機會得到和平。這樣做的關鍵是要能夠覺察自己的行為，正念幫助我們明白自己行為的根源。

3 原始恐懼，原始欲望

我們出生的時候，恐懼和我們同時出生。當我們還在母親子宮的那九個多月裡，我們覺得很安全，那裡非常舒適，我們不需要做任何事情。但當我們出世，環境全然改變。我們的臍帶被切斷，必須要學習自己呼吸。我們的肺部可能有些液體，我們需要把那些液體推出體外以吸到第一口氣，我們能否生存就靠那一口氣，這就是我們原始恐懼的由來。我們想生存，但作為一名稚嫩、脆弱的嬰兒，我們雖然有手有腳，但不能運用它們，我們需要有人來照顧我們。隨著原始恐懼而來的，就是我們的原始欲望。我們有深恐被丟下不管的恐懼，也有想要存活下去的欲望。即使我們長大成人，原始恐懼和原始欲望仍然存在。

恐懼和欲望來自同一個源頭。我們害怕死亡，欲望由此而來，我們期盼有人能夠幫助我們生存。我們每一刻都期待著這樣的人來臨，幫助我們、保護我們。我們感到無助，因為沒辦法靠自己個人生存，我們需要另外一個人。深入觀察欲望，我們會發現，我們每一個欲望都是這個原始欲望的延續。由於我們還不懂辨識內在小孩的欲望，我們的欲望無法得到滿足。我們希望發展新的關係、找到新的工作或者得到更多金錢，但當我們得到了這些東西，我們並不懂得享受這些東西。欲望總是一個接著一個，永不停止。

覺知自己擁有的已經足夠

佛陀講過關於「知足」（samtusta）的修習，就是覺知在此時此地，我們已經擁有幸福快樂的條件，不需要得到更多。梵文 Samtusta 意為「覺知到擁有很少就感到很滿足」。當我們回到當下，我們會看到自己已擁有所有快樂幸福的條件，我們也可能發現，自己所擁有的，已經超過讓自己在當下感到快樂所需的條件。我們必須停止追逐，因為即使得到自己所欲求的對象，我們也不會感到快樂，因為我們會想著要追逐下一個目標。

如果我們有安全感，就有可能不會再有更多的欲望。我這棟小小的房子就夠好了，它的窗戶很多，景觀也非常漂亮，我不需要更大的。我們已有很多幸福快樂的條件，不需要到未來去追逐，冀求得到更多的條件，我們所擁有的已足夠。一旦我們實踐這種生活方式，我們即時成為幸福快樂的人。

我們如何在現代生活中實踐這樣的智慧？很多人還是相信，只有當我們擁有很多金錢以及權力時，我們才會快樂。環顧四周，我們看到很多人擁有很多錢，也享有權力，但還是深受著壓力與孤單之苦。因此，權力與金錢並非答案，我們需要的是教會自己正念生活的藝術。

沉溺於過往

藏識就像一間私人房間，那裡總是放映著過去的影片。在那裡我們保存了創傷和痛苦的記憶。我們在理性上明白，過去的已經過去，但過去的影像仍然留在那裡，時而浮現，可能是在我們夢中，也或許在我們清醒時，我們會回去再次經歷過去的痛苦。我們有被過去監禁的傾向。原則上，我們都知道過去的已不在，記憶只是影片或是照片，但那些影片持續播放，每一次播放時，我們再度受苦。

假設我們在一間電影院裡，影片在銀幕上播放。坐在座位上看這部電影，我們可能以為這是一個真實的故事，我們甚至會哭泣。那痛苦的感受是真實的，那眼淚是真的，但那經歷不是在當下發生，這只是一部電影。如果我邀請你和我一起走近銀幕，觸摸那個銀幕，我們會知道並沒有人在那裡，只有光在銀幕上閃爍。我們無法和銀幕上的人交談，無法邀請他們和我們一起喝茶，因為這只是一個虛構的故事，是不真實的，但它產生了真實的痛苦、真實的憂鬱。

覺知內在小孩還在那裡，沉溺於過去，這個很重要。我們必須拯救他。安穩地坐好，安住在當下時刻，我們與內在小孩說話：「我親愛的小兄弟，我親愛的小姐妹，你該知道我們已經長大，我們現在可以保護並護衛自己了。」

如理作意

如果我們在七歲時曾受過虐待，我們的內在就會有一個脆弱、充滿恐懼的七歲小孩。當接觸到一些事情讓我們憶起痛苦的經歷，我們就會自然地接觸到那個舊的影像。我們在當下看到、聽到或者經歷的很多事情，會令我們觸及痛苦的記憶。

如果我們在小時候受過虐待，幾乎所有我們看到或聽到的，都會觸及那受虐的影像。持續觸及這些過往的影像，會引起恐懼、憤怒以及絕望的感受，我們稱之為「非如理作意」（ayoniso manaskara，即不適當的注意），因為它牽引我們遠離了當下，進入過去的痛苦之地。我們要知道的是，每當我們的注意力進入令我們痛苦的地方，播放起令我們痛苦的影像，我們可以修習「如理作意」（yoniso manaskara，即適當的注意），處理在內心生起的悲傷、恐懼及痛苦。

鐘聲提醒我們停止思想和說話，返回自己的一呼一吸。鐘聲可以將我們從痛苦的影像中帶回來，享受深呼吸，讓身心回到平靜，同時微笑。當痛苦生起的時候，我們修習吸氣和呼氣，說：「吸氣，我知道痛苦在我之內。」認出並擁抱心識的各種思想現象（心行）就是我們要做的修習。修習得好，我們就可再進一步。當我們修習到具有正念和定的程度，我們可以再次回到那個影像，同時明白是什麼令它浮現：會產生「此」，是因為我觸碰到了「彼」。

很多人無法脫離影像的世界。有了正念的能量，我們能夠覺知到以前痛苦的經歷只是影像，不是真實的。如此，我們就能看到生命中的美妙，知道快樂地活在當下是可能的，那時我們就有能力改變整個境地。

從痛苦中學習

瞭解痛苦能夠帶來慈悲與愛。沒有理解、愛以及慈悲，不可能得到幸福。理解及慈悲就源自於痛苦。當我們明白痛苦，就不會再抱怨；我們會接納，我們會產生慈悲心。因而痛苦是有用的。如果我們不知道如何處理痛苦，就會沉溺在苦海之中，但如果懂得處理痛苦，我們就可以從痛苦中學習。

我們有逃避痛苦的傾向。追求快樂、迴避痛苦是人的天性。我們需要引導自己的內心，告訴自己痛苦有時是很有用的，我們甚至可以說「痛苦的良善」。感謝痛苦，我們開始學會理解。而由於理解，我們就能接受、就懂得愛。沒有理解與愛，我們無法得到真正的快樂。痛苦能帶來快樂，我們不該害怕痛苦，而是該包容痛苦、深觀痛苦，溫柔地包納著它，從中學習。我們要知道，我們能從痛苦中學習。痛苦的「良善」是真實的，沒有痛苦就沒有幸福快樂，就如沒有淤泥就沒有蓮花一樣。當你懂得「如何」受苦時，痛苦就不再是一回事了。從痛苦之中，幸福的蓮花得以盛放。

五念

佛陀說，每個人都有恐懼的種子，但大部份人壓抑它並將它封鎖在暗處。為了幫助我們辨識、擁抱以及深觀恐懼的種子，佛陀為我們提供了「五念」（Five Remembrances）的修習方法：

1 本質上我會老。我無法避免年老。

2 本質上我會病。我無法避免疾病。

3 本質上我會死。我無法避免死亡。

4 我所愛的人和物，在本質上會改變。我無法避免與愛別離。我無法保留任何東西。我空手而來，空手而去。

5 我所做的（業）是我唯一所有。我無法逃離我的行為（業）的後果。我的行為（業）是我立足之地。

每一天我們都要這樣修習，撥一點時間，跟隨呼吸沉思每一項練習。我們修習五念，讓恐懼的種子能夠流動。我們必須邀請它浮現，讓我們辨識它，擁抱它。如此，當它返回內心深處的時候，它就變小了。

當我們邀請恐懼的種子浮現時，最好已懂得看顧自己的憤怒。恐懼給予憤怒生命，當恐懼出現，我們失去了平靜，賦與憤怒生長的土壤。恐懼來自無知。除了恐懼，缺乏理解也是憤怒的主要原因。

4。呼吸，行走，放下

呼吸是引領我們返回身體、感覺及心的美妙載具。如果我們懂得正念呼吸，這不需要花很多時間。呼吸是我們每天都在做的事情，但大多數人並不懂得正念呼吸，因而無法回到自己的身體和感覺。

我們的修習是回到當下，回到此時此地。只有在此時此地，我們可以深入接觸生命。學習深深地活在日常生活的每個當下，是我們真正的修習。正念呼吸可以帶我們回到此時此地，失去正念呼吸，就是失去了當下時刻。

我們也可以在行走、清洗東西以及進食的過程中保持正念。有很多方法可以讓我們回到此時此地，深入接觸生命，但這些方法全都涉及正念呼吸。如果我們將正念呼吸變成自己的一部份，我們就能隨時修習，否則就是荒廢生命，因為我們的生命就存在於此時此地。

正念呼吸是正念修習的基礎。當我們修習正念呼吸，我們引導心返回自己的身體，讓自己真正地臨在。正念的能量包含了友誼以及關愛的元素在裡頭，如果我們沒有真正臨在，我們無法成為自己或者別人的朋友。除非慈悲在我們的心中生起，我們才能成為自己或別人的朋友。

通過修習正念呼吸，我們成為自己身體、情緒、思想以及認知的真正朋友。只有當我們與自己建立了真正的友情，我們才能夠在各方面得到轉化。如果我們想與曾經傷害過自己的家人或者朋友和解，我們首先要好好照顧自己。如果我們不懂得傾聽自己，怎麼會傾聽他人？如果我們不懂得覺察自己的痛苦，就無法在人際關係中取得和平與和諧。

辨認與安撫痛苦的感受

每個人多少都會有身體或者心理的疾病，最佳的療癒方法是由停止一切開始，然後全然地活在當下，這樣做讓身心得以自我療癒。當我們專注呼吸，我們的吸氣和呼氣就能夠平和與放鬆。當我們有覺知地行走，腦子裡不想什麼，也不被任何東西帶走我們的注意力，這就已經開始了療癒。

當我們的心被強烈的痛苦牽引時，返回平靜放鬆的呼吸會很有幫助。如果我們能夠這樣做，當痛苦的感受再次來臨的時候，我們就能接受它是它，而不是受它牽引而令自己不安。我們不與痛苦的感受對抗，因為我們知道這是自己的一部份，我們並不想與自己對抗。痛苦、惱怒與嫉妒都是我們的一部份。當它們生起的時候，我們可以回到吸氣與呼氣讓它們平靜下來。平靜沉著的呼吸能夠安撫強烈的情緒。

當我們的情緒平靜下來，我們能夠看到自己痛苦的根源，也看到導致我們受苦的人也承受著痛苦。很多時候，當我們面臨痛苦的時候，我們以為自己是唯一受苦的人，其他的人都是幸福快樂的，事實是，傷害我們的那個人也遭受很多痛苦，而且不懂得處理自己的強烈情緒。覺知地吸氣呼氣，生起正念的能量，我們因而能夠得到智慧處理自己的痛苦、得到慈悲處理其他人的痛苦。

當我們受到傷害，我們會有兩種不同的思考模式應對。一種思考模式會令我們憤怒，想要報復；另一種是嘗試安撫自己，接觸自己的慈悲與理解，讓自己的心平靜沉著。如此，我們就能夠看到，傷害自己的人同樣受苦，我們的憤怒隨之消失。

深度放鬆

如果身體不能安寧、有很多強烈的情緒，我們的呼吸就不能平和。當我們修習正念呼吸的練習，我們注意到自己的呼吸逐漸平靜、深長與和諧，在呼吸之間壓力得到釋放。專注的呼吸引導我們的心回到呼吸，如果能夠持續專注呼吸，心能夠回到整個身體。我們回到自己的身體，與它和解。我們知道在身體之內發生的事情：做過的錯事、經歷過的衝突，我們會知道應該做什麼或者不做什麼以與身體重新和好。通過正念呼吸，我們將能夠認識到身體就是自己的家。我們可以這樣說：

吸氣，我覺察自己的身體。
呼氣，我對我的全身微笑。

能夠覺察自己的身體並對它微笑是非常美好的事情。如果我們有十或十五分鐘，我們可以嘗試深度放鬆的療癒練習。我們首先要找個舒適的地方躺下，然後回到自己的呼吸：

吸氣，我覺察自己的吸氣。
呼氣，我覺察自己的呼氣。

我們靜躺著，只是吸氣與呼氣，享受身體的存在。我們給自己的身體一個機會，不需要做任何事情，這就是深度放鬆——向身體傳送關愛的修習。

我們由注意整個身體開始，然後注意身體的不同部位：

吸氣，我覺察自己的整個身體。

呼氣，我釋放身體的所有緊張。

我們可以由頭部開始然後在腳趾結束，或者由腳趾開始逐步向上。我們的意識全然覺察身體每一個部位的存在，我們覺察並以正念的能量擁抱它，容許身體的每一個部位放鬆，釋放緊張。

然後我們開始修習注意身體的每一部位：

吸氣，我覺察自己的頭腦。

呼氣，我對頭腦微笑。

我們可以為身體的每個部位都送上一個吸氣與一個呼氣，或是給與每個部位十個吸氣與呼氣，直至完成身體的每一部位。我們修習以正念的光「掃描」自己的身體。

吸氣，我覺察自己的眼睛。

呼氣，我對眼睛微笑。

我讓眼睛放鬆，因為眼睛內常常累積了很多緊張。微笑非常有用，因為它可以放鬆臉部，我們可以為身體的各個部位送上微笑。

臉部有數百塊肌肉，當我們憤怒或者恐懼的時候，這些肌肉會積聚緊張，但當我們懂得吸氣並覺察它們，然後呼氣向它們微笑，就是幫助它們釋放緊張。我們的臉會在一個吸氣以及一個呼氣後完全不同。一個微笑就可以帶來奇蹟。我讓眼睛放鬆，然後向眼睛送上微笑。只是需要覺察眼睛，然後向它們微笑。我們的眼睛非常美麗。

隨後，我們可以注意耳朵：

吸氣，我覺察自己的耳朵。
呼氣，我對耳朵微笑。

當我們將注意力放到肩膀的時候，我們修習：

吸氣，我覺察自己的肩膀。
呼氣，我對肩膀微笑。

我們幫助肩膀放鬆，令它不再僵硬。當我們注意肺部的時候，我們擁抱肺部：

吸氣，我覺察自己的肺部。

呼氣，我對肺部微笑。

肺部非常勤勞地工作，而我沒有給與它們足夠的清新空氣。

吸氣，我覺察自己的心臟。

呼氣，我對心臟微笑。

我的心臟從早到晚都在跳動。現在我決定停止吸菸及喝酒，因為我開始真正關心自己的心臟。

我們這樣覺察自己的身體，以正念的光掃描身體，覺察、擁抱、向它微笑。我們可能用十分鐘、十五分鐘或是二十分鐘的時間，逐步以正念的能量掃描身體，向每一個部位微笑，幫助每一個部位釋放緊張。

當我們將注意力放在身體患病的某一部位，我們可以在那裡停留久一點，用多一些時間覺察它、擁抱它。我們以正念的能量擁抱它，向它微笑，並幫助它釋放緊張。當身體的某一部位有痛楚，正念會讓我們知道，這只是身體的痛楚。有了這種覺知，我們能夠放鬆，並更快得到療癒。

方法與目的沒有區別

以正念步行，我們的步伐不再是為了達到目的地的工具。當我們走去廚房準備飯菜的時候，我們無需想著：「我們要走到廚房去拿食物。」有了正念，我們可以這樣說：「我正在享受走向廚房。」每一步就是一個目的。方法與目的沒有分別。沒有道路通往幸福，幸福就是道。沒有道路通往開悟，開悟就是道。

每一次我們邁出正念的步伐，就是進行了一個覺悟的行為，從正念的步伐中我們得到了悟：我們正在邁出步伐，每一步都有它的美；洗碗也可以是一個覺悟的行為。

洗碗會是一件非常愉快的事！

照顧痛苦的感受

當你懂得以正念看顧自己的身體，你可以接著開始進入感覺的領域了。當你靜觀感覺，即是能夠覺察每一個生起的感受，無論它是愉悅的、不愉悅的，中性的或者是混雜了不同感受的。照顧痛苦的感受之前，我們可以先學習照顧那些不痛苦的感受。

佛陀建議我們，在處理痛苦的感受之前，我們需要先孕育喜悅與幸福的感受來滋養自己。就好像一位外科醫生判斷病人的身體太虛弱，不適合接受手術，他會建議這位病人先多休息，養好身體，讓他能夠承受手術。因而，當我們專注於痛苦之前，我們需要鞏固喜悅與幸福的基礎。我們需要由喜悅開始，喜悅與幸福一直像種子一樣存在於我們的心識之中。

吸氣，我覺察自己內在的喜悅感受。
呼氣，我對自己內在的喜悅微笑。
吸氣，我覺察自己內在的幸福感受。
呼氣，我對自己內在的幸福微笑。

放下

我們如何能夠得到足夠的喜悅與幸福以處理我們的痛苦？釋放、放下是第一件要做的事。喜悅來自放下，來自沒有牽掛。

假設我們居住在像紐約或者巴黎這樣的大城市，我們需要承受噪音、廢氣及垃圾，我們或許會希望逃離到郊外鄉間過週末。離開城市可能需要一個小時，但如果我們這樣做，你會知道這是值得的。當我們到了鄉下，我們會感受到新鮮的空氣，看到山、樹、雲、蔚藍的天空，我們感到喜悅，因為我們能夠離開城市，享受鄉間的美。

但我們必須覺知，這樣的喜悅及快樂不會長久。幾個星期後，我們會想回到巴黎或者紐約。我們都有過這樣的經歷：頭幾天在鄉下生活，我們非常開心，但我們不能夠長時間保存及滋養這樣的喜悅與快樂。我們受苦，渴望返回城市，我們相信自己的家在那裡——家，甜蜜的家。當回到紐約或者是巴黎，我們感到喜悅及幸福，因為我們回到自己的家了……但苦還在後頭。結果，我們就是這樣來來回回。在現今社會，很多人有第二棟房子，他們因而可以逃離惡劣的環境一段時間後再回來。

喜悅與幸福是無常的。它們需要灌溉才能長期與我們一起。如果我們不懂滋養喜悅與幸福的藝術，它們就會死亡，我們隨之失去了享受喜悅與幸福的能力。喜悅與幸福可以滋養與療癒，但它們不足以轉化靜躺在心識底層的痛苦。

表層之下

海洋的表層是靜止的，但在表層之下是隱藏的激流。如果我們的修習未能觸及先人以及父母傳遞給我們的痛苦的硬塊，我們只能短暫地享受表層的靜謐，在底層的痛苦硬塊隨時會升上來，因而抓住這個表層的喜悅與幸福並不足夠。我們面對一些問題，但並不知道真正的問題以及真正的痛苦是什麼。我們的痛苦可能來自父親，他將他的痛苦傳給我們成為我們承繼的遺產；我們的母親未能轉化她的痛苦，她也傳遞給我們了。表面化、不夠深入的修習，只能得到一種膚淺的靜謐、喜悅與幸福。這樣的修習不夠堅強，也不夠有效去轉化在心識底層的強烈痛苦。

由於我們不懂痛苦的本質，我們的心識因而未能發光，也未能辨識在我們藏識深處躲藏的痛苦。這是為什麼我們常常責怪這或那造成了我們的痛苦。如果我們是和家人同住或者住在某個社區裡，我們或許會想：「我的家人對環境不夠尊重。」或者是「這個社區仍然對男性與女性的同性戀者有歧視。」等等。社會上有很多這樣的問題。因為我們不瞭解自己的真正痛苦是怎樣一回事，我們就會傾向歸咎於一些事情，以為這些就是導致自己不快樂的原因。這是為什麼我們需要回到自己內心，嘗試辨識痛苦並擁抱它。這樣做，我們或許要承受一些痛苦。

在亞洲，有一種叫做苦瓜的蔬果。越南話，苦是「kho」。「kho」也是痛苦的意思。苦的東西就是痛苦；我們以它真實的姓名呼喚它。如果我們不習慣吃苦瓜，我們品嘗的時候就會受苦。中醫相信苦瓜的苦對我們的身體有好處。雖然它是苦的，但吃的時候，我們感到清新與清涼，因此有些人建議改稱它為「清新瓜」。但即使它是清新的，它還是苦的。喜歡吃苦瓜的人會享受吃苦瓜，因為覺得苦的味道很好。它很苦但美味，它的苦也對我們的身體有益。

釋放心中的牛

有一天，佛陀與多名出家眾坐在樹林裡。有一名農夫經過那裡，他剛剛丟了他的牛，這些牛跑走了。農夫問在座的出家眾是否看到有牛經過。佛陀回答說：「沒有。我們沒見到你的牛經過這裡。你或許應該到其他地方找找。」當這名農夫走後，佛陀面向這些出家眾微笑著說：「親愛的朋友，你們應該很高興，你們並沒有牛會失去。」

有一種修習，要我們在一張紙上寫下我們的「牛」的名稱，然後深入觀察，是否可以釋放其中幾隻牛。我們以為有些東西是我們幸福的關鍵，但深入觀察後，我們覺知到，它們其實是我們真正的喜悅與幸福的障礙。

我記得有一位參加梅村禪修營的德國商人，當他聽到這個釋放牛隻的故事時，他大笑了。我邀請他以後再來參加禪修營，他回應說，他非常忙碌。他是生意人，需要到義大利做生意，他還有很多事情要做，因此他跟我說再見。第二天，我看到他坐在觀眾席，我很驚訝。他告訴我，在開車前往義大利途中他決定掉頭。他能夠釋放他本來以為一定要掌握在手的「牛」，他感到很快樂。

正念

喜悅與幸福的第一個來源是放下。但僅僅是放下，我們只能獲得短暫以及表層的快樂。正念是快樂幸福的第二個來源。假設我們與一班人一起欣賞日出，但我們的心充塞著計畫或者是憂慮，想著過去或者未來，我們就不能真正享受美麗的日出，因為我們缺乏正念。如果我們能夠回到吸氣與呼氣，深入修習呼吸，我們可以引領自己的心回到當下。我們可以從過去、未來以及計畫中解脫，我們的身心因而能夠合而為一。正念幫助我們全然存在，得以見證，以及深深地享受日出的美景。

假設有一位遠道而來的朋友來探訪我們，和我們一起喝茶，正念幫助我們令共聚成為難忘的時光。我們不想任何事情，不想我們的生意以及計畫，只是專注於與朋友一起。我們全然覺察朋友在那裡，我們和朋友一起坐著享受喝茶。正念幫助我們深深地品嘗每一刻的快樂。

喜悅與幸福有一點分別。假設我們在橫越沙漠的時候沒有水，我們非常口渴，忽然看到前方有一個綠洲，我們知道那裡有樹，有水可以喝，這樣的覺知帶來喜悅。知道有機會可以休息，可以喝水，那個感受稱為喜悅；當我們抵達那個綠洲，坐在樹蔭下，用手盛水，然後喝水，那是幸福。喜悅含有一些興奮的元素。

如果我們靜坐、行禪或修習深度放鬆的時候，身體產生了痛楚，這是因為我們沒有正確運用方法。我們無需因禪修受苦，這不是強迫性的勞役。禪修應該帶給我們喜悅與幸福的養分。如果我們有足夠的喜悅與幸福，就能夠處理內在痛苦的硬塊、憂愁與悲傷。

刷牙、準備早餐、走向禪堂的途中，每一件事情、每一個腳步以及每一個呼吸，應該帶給我們快樂與幸福。生命已經充滿痛苦，我們無需製造更多。

邀請佛陀呼吸

多年前我在南韓首爾弘法，當地的員警為我們能夠修習行禪作了多項安排。他們安排了一條道路讓我們行禪。但帶領行禪那天，我發現舉步維艱，因為有數百名攝影師圍著我，我根本無路可走。我跟佛陀說：「親愛的佛陀，我放棄了。你幫我走吧。」佛陀即時到來並開始行走。那條路通暢了。這次經歷之後，我寫了一系列關於修習的詩，這些詩可以隨時應用，但最適合在修習行禪與正念呼吸遇到困難時運用。

讓佛陀呼吸，
讓佛陀步行。
我無需呼吸，
我無需步行。

佛陀在呼吸，
佛陀在步行。
我享受呼吸。
我享受步行。

佛陀就是呼吸，
佛陀就是步行。

我是呼吸，
我是步行。

這裡只有呼吸，
這裡只有步行。
這裡無人在呼吸，
這裡無人在行走。

呼吸而安樂，
行走而安樂。
安樂就是呼吸，
安樂就是步行。

開始的時候，我們可能相信必須有人才會有呼吸；必須有人才能行走。但事實是，只有步行與呼吸就足夠了。我們不需要一個行走者，也不需要一個呼吸者。我們只需要留意到那裡有步行在進行，那裡有呼吸在進行。

以雨為例，我們習慣說正在下雨，這個說法很有趣，因為如果沒有下雨、沒有落下，那就根本沒有雨這回事。因而，雨就是落下的那個動作。我們不需要一個「雨者」（rain-er），我們只需要雨。當我們說風吹著，這同樣有趣，因為如果沒有吹，就不是風了。我們不需要一個「吹者」（blower）。因此，「雨」或者「風」已經足夠。步行是同樣的道理。我所指的佛陀的步行只是步行，但那是高品質的步行，那樣的步行令人樂在其中，這是正念的步行——那裡充滿寧靜與喜悅。佛陀就是那呼吸，佛陀就是那步行。那樣的步行充滿寧靜與喜悅，這是正念的步行。

5 轉化痛苦

我們如何轉化根深蒂固的痛苦種子？有三個方法可以處理。

第一個方法是集中播送及灌溉幸福快樂的種子。我們不是直接處理痛苦的種子，而是讓幸福快樂的種子轉化它們。這是間接轉化。

第二個方法是持續修習正念。這樣做的話，當痛苦的種子生起時，我們能夠覺察到它們。每一次它們顯現，我們就讓它們沐浴在正念的光裡。我們的種子是一個能量場，正念也是一個能量場。當痛苦的種子接觸到正念，它們就會萎縮，因為正念轉化了它們。

第三個方法用來處理自童年時期已經出現的痛苦。我們刻意邀請它們上升到我們的意識。我們邀請憂愁、絕望、內疚以及渴求這些自己在過去不想接觸的感受到來。我們坐下，像與老朋友聊天那樣與它們談話。但在邀請它們顯現之前，我們需要確保正念的燈亮著，確保它的光是穩定和強壯的。

認知到痛苦

修習行禪是為了接觸生命的奇蹟。但如果我們行走的時候，心回到童年時候的影像，痛苦的感受、恐懼以及悲傷生起，那麼，我們並不能享受當下的步行。我們行走，但並不在天堂，而是在地獄，痛苦就在那裡。處理這樣情況的第一步是確認痛苦：「痛苦在我之內。」

吸氣，我知道痛苦的感受、悲傷、憂愁、恐懼在我之內。

呼氣，我擁抱內在的痛苦感受。

有了正念與定，我們回到那個影像，然後明白是什麼引致它顯現。「我有『此』，因我觸及了『彼』。」有了正念與定，我們能夠以智慧回應這個影像，我們不再是無助的小孩。我們已經是強壯的成人，可以保護自己。

我們這裡有些人是移民。很多人來自東南亞，橫渡大海，以船民的身份在西方尋求庇護。在那樣的過程中，我們非常害怕，因為隨時可能葬身大海。我們可能被鯊魚或者海盜殺死、傷害。經過這樣旅程的人，會在心識保留那些危險的影像。

我們現在已經抵達彼岸了，難民的身份被接受了，我們身處安穩的土地，但有時我們會忘記。接觸到那些時刻的影像，即使我們是安全的，但我們仍然受苦。每一次接觸到那些影像，痛苦生起，即使那些痛苦的事情發生在很久以前。

很多人仍然受困於影像的世界。但事實是，它們只是影像，它們不再真實。通過正念吸氣和呼氣，我們可以得到智慧與了悟。假設我們保留一張幾乎埋葬了我們的海洋的照片，當我們看著那張照片的時候，我們感受到痛苦與恐懼。但正念與定可以讓我們了悟，這只是一張照片，並不是真正的海洋。我們會在大海溺死，但不會溺死在一張照片裡。

因而，當我們困於悲傷或者是痛苦的心理現象的時候，我們可以深觀而了悟：此有故彼有。痛苦來自我們接觸到一個過去的影像。事實是，我們是安全的，有能力享受當下生命的美妙。當我們覺知到痛苦來自影像而不是當下的情況，就能夠幸福快樂地活在當下時刻。這就是正念與定的力量。

關於末那識

我們迴避內在小孩，其中一個主要原因是我們害怕痛苦。這是由於在藏識與意識之間，存在著心識的一個部份，稱為末那識（manas），引導著我們追求快樂、逃避痛苦。末那識是我們誤以為有一個獨立的「我」的基礎。我們痛苦是因為在末那識之內的歧視與妄想。

當一條魚看到吸引牠的魚餌，牠就會想咬那魚餌。牠不知道隱藏的鈎，如果牠吃了魚餌，就會被拖出水面。有了正念，我們會覺察持續追求愉悅的危險。我們能夠在藏識發現智慧的種子，幫助末那識轉化。這是意識的任務。

末那識的六個特徵

末那識有多個傾向。第一，它總是追求愉悅；第二，它嘗試逃離痛苦；第三，它忽視追求愉悅的危險。追逐感官享受會損害我們的身心。如果我們深入觀察渴求的對象，我們能夠看到危險就在那裡。

末那識的第四個特徵是它會忽視痛苦的好處。痛苦有它的存在價值。每個人都需要藉著一些痛苦的磨練，得以成長、理解，同時培養仁慈、快樂及幸福。只有經歷過痛苦，我們才能覺知快樂與幸福。

沒有經歷過戰爭，不會懂得珍惜和平；沒有經歷過飢餓之苦，不會懂得珍惜手中的麵包，知道有東西可吃是多麼美好的事。這樣的幸福只有當我們經歷過飢餓才會感受得到。

在我們的生命中有一些危險的時刻，當我們想及這些危險時刻的時候，我們會全然享受當下的安全。因為經歷過的苦難，使我們有機會學習理解與慈悲。透過接觸與瞭解痛苦，慈悲生起。

我不會送我的朋友或是小孩到一個沒有痛苦的地方，因為在那樣的地方，他們沒有機會學習培養理解與慈悲。佛陀說，沒有受過苦難就沒有學習的機會。佛陀成道，是因為他飽嚐痛苦。我們需要通過痛苦走向佛陀。痛苦就是道。藉著痛苦我們得以看到了悟、慈悲與愛之道。深觀悲傷、疼痛以及苦楚的本質，我們能夠看到解脫之道。如果我們不懂什麼是痛苦，就無法走向佛陀，也沒有機會接觸平安、接觸愛。恰恰因為我們曾經歷痛苦，因而現在有機會辨認出通往自由、愛以及理解的道路。

追求快樂、逃離痛苦的傾向存在於我們每個人之內。我們以為追求快樂可以遠離痛苦，但事實並非如此，它反而會阻礙了我們成長與幸福。沒有理解、慈悲與愛，幸福是不可能的。如果我們不懂自己的痛苦與別人的痛苦，愛也不可能出現。接觸痛苦幫助我們培養慈悲與愛。欠缺理解與愛，我們不可能幸福，也不能令其他人幸福，所有人都有慈悲、諒解、快樂與無畏的種子，如果我們持續嘗試逃避痛苦，這些種子就沒有機會成長。

在梅村的上村，也就是我居住的地方，那裡有一個蓮花池。我們知道，蓮花不能在沒有淤泥的地方生長。我們需要淤泥種植蓮花，在大理石上無法種植出蓮花。淤泥在培育蓮花的過程中是一個重要的角色。同樣的，痛苦在培養理解與慈悲的過程中扮演了重要的角色。

我們必須擁抱痛苦並深入觀照，由此我們可以學到很多東西。當埋在藏識深處的恐懼上升到意識的層面，我們此時的修習就是邀請正念的種子顯現。正念幫助我們真正存在，覺察並擁抱痛苦，而不是逃離。開始的時候，我們的正念不夠強大，無法處理痛苦與悲傷，但經過修習，特別是有團體幫助我們修習的時候，我們的正念就能夠滋長，有足夠的力量掌握痛苦、悲傷與恐懼。

每個人都需要有一劑痛苦以培養理解與慈悲，但我們不需要製造更多痛苦，因為我們之內以及周圍的痛苦已經超過我們所需。意識能夠通過觀察痛苦學習，然後將所學到的知識傳遞到藏識。

末那識的第五個特徵是忽視中道。意識會提醒末那識關於中道的智慧。通過正念呼吸，我們可以幫助意識深觀，覺知末那識的所有妄想，並且覺知存在於藏識的智慧的種子。當意識修習專注力（定）的時候，專注的對象是相即、相互依存、平等。如果意識能夠集中在這些對象，智慧就會出乎意料之外地快速來到。

末那識的第六個特徵是總是嘗試佔住、擁有以及把持所有它注意到並想得到的東西。渴求是人類的其中一個強烈的衝動，因為它的存在，我們充滿妒嫉，希望擁有一些人與一些東西。但由於覺知到相即，我們了悟，其實並沒有東西可以擁有。

轉化末那識

具有正念，我們可以轉化末那識。通過正念呼吸，我們可以幫助意識深觀，覺察末那識的所有妄念，同時覺知智慧的種子存在於藏識。當末那識轉化，它成了無分別智（nirvikalpajñana）。

有一個故事，非常完善地說明什麼是無分別智。這個故事說及一粒鹽，它想知道海水有多鹹：「我是一粒鹽，我非常鹹。不知道海裡的水是不是和我一樣鹹。」一名老師回答那粒鹽：「親愛的鹽，你想知道海水的鹹度的唯一方法就是跳進大海。」那粒鹽跳進海裡，成為海水的一員，它因而全然了知海水的鹹度。

我們無法完全明白一個人或一件事，直到我們成為他／它的一部份。在法文裡，comprendre 的意思是理解。從字面上而言，它是指撿起一樣東西，然後與它一體。如果我們覺得與某樣事物有分隔，就不能期望能夠明白它。

禪修是訓練我們觀察現實狀況而沒有主體與客體的界線。我們需要移除詢問者與詢問的對象的界線。如果我們想要明白一個人，我們需要進入到他的內裡。朋友與家人如果要真正互相瞭解，他們需要成為對方。要全然瞭解就要成為希望被瞭解的對象。拆解了被瞭解的對象與瞭解的主體之間的屏障，真正的瞭解才會發生。

譬如我們送東西給別人的時候，運用無分別智，我們會了知贈送這個行為並不存在給與者和接受者。如果我們思量著自己是給與者，其他人是接受者，那就不是圓滿的給與。我們給與是因為有人需要我們給與的東西，這是非常自然的行為。如果我們真正修習慷慨，我們不會說：「他一點感激之情也沒有。」我們不需要這樣的想法。

修習正念，我們能夠識別內在的末那識。如果我們覺察到末那識的傾向，我們可以用正念、定以及慧轉化這些傾向，並孕育無分別智。如果我們沒有逃離痛苦，而是覺察它、擁抱它、深觀它，痛苦就會開始轉化，自在與了悟隨之而來。

在我們的一生中，我們需要了知自己到底需要什麼才能獲得幸福。我們還需要考量我們的家人、一同生活的社區以及社會上的人所需的幸福條件。當我們知道他們需要什麼的時候，就知道怎麼做。我們有了目標，然後採取行動給與人們所需：充足的食物、民主以及自由。當我們有了目標，我們會界定出自己的行動——我們要做的工作是帶領社會走向積極正面的方向。要確定自己所做的是好還是壞，我們需要檢視自己所做的是否走向自己的終極目標。

無分別智

在藏識內有可以轉化末那識的種子，那就是無分別智。分別「此」與「彼」，以「此」對抗「彼」，是很多痛苦的基礎。讓意識覺察存在於藏識深處的無分別智，並幫助它顯現，這非常重要。修習正念呼吸以及深觀，有助無分別智顯現。

無分別智存在於我們每個人之內。譬如，我的右手就有無分別智，它能夠敲出鐘聲、還能用筆寫字，但它從來不對左手說：「左手，你看來什麼都不會。是我寫了所有的詩，也是我在練習書法。」不，我的右手從來沒有想過自己比左手優越。那裡沒有優越感、自卑感，甚至沒有平等的概念。當我們開始比較，我們就會認為自己是優越的、卑微的，或者是追求平等。有了這樣的比較，就會有分別，痛苦就會隨之到來。

我們身體內的細胞互相合作，它們沒有分別心。有一天，我的左手握著釘子，右手拿著錘子。我想掛一幅畫，但我不夠專注，結果我沒有敲在釘子上，而是敲了自己的手指。我的右手立即放下錘子，照顧被敲到的左手，猶如照顧自己一樣。我的左手並沒有遷怒於右手，因為它有無分別智。我的右手不會說：「我在照顧你呢，左手。你要感激我。」我的左手也沒有說：「右手，你對不起我。我要討回公道，把那錘子拿給我。」這裡沒有你、沒有我、沒有分別，它們是一體，就像「三位一體」——聖父在聖子之內，聖靈在聖父及聖子之內，這就是相即，在一體內可以看到另外兩個。我的左手被敲痛了，但我的兩隻手共同分擔那痛苦，因為在愛的關係中並沒有分別。這就是平等性智或者說「捨」（upekṣā）。當無分別智生起，幸福與痛苦不再是個人的事。

幸福與痛苦

因為有無分別智，我們覺知痛苦與幸福互存於對方之內。我們經常會想：我已經受夠了痛苦，我希望平安幸福。我們希望逃離痛苦、走向安康。但其實就在困苦那裡，我們能夠找到安康。如果我們遠離困苦，找到安康與幸福的機會就會相對減少。

幸福之中有痛苦的滋味。就像花一樣，當你深觀花朵，你會在花之內看到垃圾、泥土以及堆肥。我們明白，如果沒有肥料，花就不能生存。深深接觸花，你會接觸到花之內的肥料。

滋養

很多人會以大吃大喝或者找尋娛樂來逃離痛苦。當我們感到孤獨、悲傷、空虛、受到挫敗或者恐懼，我們會嘗試用看電影或者吃個三明治來填滿那個感受。這是我們處理內心深處不舒適感受的方法。為了壓抑苦楚、絕望、憤怒以及抑鬱，我們聽音樂、開冰箱找東西吃、看雜誌……總之我們就是消費，甚至那些我們覺得不好看的電視節目，我們還是繼續看下去。我們以為這樣做比感受抑鬱以及內在的痛苦要好。

然而越多消費，我們帶給自己更多的暴力、渴求、絕望以及歧視的毒素，只會令情況更糟。透過正念與定的能量，我們會看到困苦的本質，同時辨識到困苦帶來了滋養的資源。

沒有任何東西可以不需要食物還能存活，愛和痛苦也是一樣。為了讓愛活著，我們需要餵養它。如果不餵養，或者是我們用不適當的養分餵養，我們的愛就會死亡。在很短的時間裡，愛就可以轉而為恨。我們的痛苦以及抑鬱也需要養分生存。如果抑鬱拒絕離去，是因為我們每天都在餵養它。我們可以深觀餵養痛苦的養分。

痛苦時常以強烈的情緒表達自己，迫使我們以特定的方式思考、感受以及行動。如果我們辨認出是什麼餵養著自己的痛苦，就可以切斷這種養分的源頭，痛苦就會枯萎。如果我們攝食暴力與痛苦，我們將令自己與周圍的人更加受苦。終止攝取暴力的影像以及有毒的交流溝通，給與我們轉化內在暴力以及痛苦的機會，理解與慈悲因而誕生，幫助我們療癒，並幫助我們療癒身邊的人。

接受如是人生

我們知道人生包括生、老、病、死。我們不想老去、不想生病，也不想死，但人生就是如此。如果我們起而反抗，我們將受更多苦。如果接受人生以及屬於人生的一切：幸福、快樂、平安的時刻，當然也有病、老及死亡的時刻，那麼我們就不會受苦。因此痛苦是可以接受的，不單可接受，還要感謝痛苦讓我們有機會體驗到幸福。

要超越恐懼，我們首先要覺察恐懼在我們之內。接著第二步，我們要產生不逃離恐懼的意願。我們傾向逃離恐懼，是因為這不是愉悅的感受，但恐懼總是持續出現。我們擔心今天下午或者明天會發生什麼事，我們與源自無常的恐懼共存。因而轉化的第二步是要產生留在自己所在處的意願，在那裡，我們深觀恐懼，並接受它。

如果我們深觀恐懼並深度體驗恐懼，就會注意到自己對恐懼的反應。我們的反應可能是迷茫或是否定；又或者是仁慈、包容與慈悲，這樣的反應能夠帶來療癒。這是第三個步驟，以智慧作出回應。

由於我們現在懂得療癒的方法，我們不須要等待痛苦意外地出現。通過修習，我們的正念堅強而穩定，我們毋須等待痛苦的種子出乎意料地生起。我們知道它們就在地下室的藏識裡，我們可以邀請它們上升到意識，以正念之光照耀它們。

處理痛苦就像處置一條毒蛇一樣。我們需要瞭解這條蛇的特性，自己則要鍛鍊得強壯且穩定，這樣才不會在處理毒蛇的時候傷害到自己。最後的階段，我們需要準備面對毒蛇。如果我們不面對牠，總有一天牠會嚇我們一跳，並死於牠的毒汁。深藏在藏識的痛苦與毒蛇類似，當它變得強大後向我們挑戰時，如果我們沒有經過修習讓正念更強更穩定，我們什麼事也做不了。我們只有在自己準備好的時候，才邀請痛苦顯現，然後安全地處理它。要轉化痛苦，我們不用與它糾纏對抗，或者試圖消滅它，我們只是以正念之光洗滌它。

6 療癒內在小孩

當還是孩子時，我們非常脆弱，很容易受傷。父親使了一個嚴厲的眼神就會令我們不快樂，母親說了一句強烈的話就會在我們心裡造成傷口。身為稚嫩的幼童的我們，有很多感受但難以表達。我們不斷地試，有時，即使我們找到了可以表達的用語，在我們周圍的大人也聽不到，他們不聽，或者是不讓我們講。

現在我們可以返回自己內在的「家」，與自己的內在小孩講話，聆聽內在小孩並直接給它回應。我自己一直在這樣做，即使我從父母那裡獲得了愛與關懷，這個修習仍然給與我很大的幫助。那小孩還在那裡，或許仍然深受傷害。我們忽略內在小孩已經很久了，是時候返回內在，撫慰、關愛以及照顧內在小孩了。

觀想五歲小孩

這個觀想可以在坐著或者行走的時候練習，重要的是找一個安靜、一個你覺得舒適、放鬆，最少有五分鐘不會受到干擾的地方。當你吸氣和呼氣的時候，你可以對自己說這些話：

吸氣，我看見自己是個五歲小孩。

呼氣，我對內在的五歲小孩慈愛地微笑。

最初你可能希望講完整個句子，之後你可以只用主要的字句：

我，五歲小孩。

慈愛地微笑。

內在的五歲小孩需要很多慈愛與關注。如果我們每天能夠用幾分鐘坐下並修習這個觀想，將會很有用，非常具有療效並給與自己慰藉，因為我們內在的五歲小孩還是活生生的，非常需要關愛。通過承認內在小孩的存在，與他或她溝通，我們能夠看到小孩回應我們，也會知道他或她開始覺得好過些了。當內在小孩感覺舒服的時候，我們也會感到舒服多了，我們開始感到更大的自由。

內在小孩不單是我們自己，我們的父母同樣如小孩子一般受傷害。即使已經是成人了，他們時常不知道如何處理自己的痛苦，因此他們令自己的孩子受苦。他們是自己的痛苦的受害者，他們的孩子也成為他們的痛苦的受害者了。如果我們沒有轉化內在的痛苦，我們將會傳遞痛苦給自己的孩子。所有的父母都曾經是五歲的小孩，脆弱而且容易受傷。

父親和我不是真的兩個分離的個體，我是他的延續，所以父親在我之內。幫助在我之內的父親、也就是這名五歲男孩，就是在同一時間幫助我們兩人；幫助仍然在我之內的母親、這名五歲女孩，就是在幫助她轉化，成為自由的人。我是母親的延續。那名曾經受過很多傷害、承受了很多痛苦的小女孩，她仍然在我之內。如果我可以轉化以及療癒內在的父親與母親，我同樣可以幫助在我身外的父母。這個觀想孕育的慈悲與理解不僅令自己直接受惠，在我們父母之內的五歲小孩同樣受惠。

關於理解，我們講了許多，有比我們所講的更深入的理解嗎？當我們微笑，我們知道，我們是為母親與父親微笑，幫助他們釋放痛苦。如果我們能夠如此修習，那麼那些令人煩惱的問題都沒有意義了，例如：我是誰？我的母親是真的想要我嗎？我的父親是真的想要我嗎？我的生命有什麼意義？

我們無需返回自己的出生地，到愛爾蘭或者中國去尋找自己的根。我們只需接觸自己身體的每一個細胞，我們的父親、母親以及所有的祖先都真實地存在於我們身體的每個細胞裡，甚至存在於我們身體內的細菌。所有先人、所有眾生以及被稱為非眾生的，已經給與我們覺醒的理解。我們是父親也是孩子，有時我們展現為父或母，有時我們展現為孩子。當一顆芭樂長出時，就有芭樂種子在它裡面，所以它同時也成為母親或者父親。我們可以如此修習：

吸氣，我看見父親是個五歲小孩。

呼氣，我向那五歲小孩——我的父親微笑。

父親，五歲大。

慈悲地微笑。

成為父親之前，你的父親曾經是五歲的孩子。作為五歲的男生，他很脆弱，很容易被你的祖父或祖母以及其他人給傷害。因此如果有時候他很粗暴，或者不可理喻，可能是因為在他之內的五歲小孩曾經受過這樣的對待，可能在他年幼時曾經受過傷害。

如果你明白這一點，或許你就不會再向父親發怒，而對他生起慈悲。如果你有父親五歲時候的照片，你可以在觀想的時候看著照片。看著五歲時候的他，隨著吸氣和呼氣，你會看到五歲的小孩還在父親之內，也在你之內。

當你的母親還是個五歲孩子時，她同樣脆弱，容易受傷害。她可能很容易就忘卻了受過的傷害，也沒有老師或者朋友幫助她療癒，因此傷口與痛楚仍留在她之內。這是為什麼有時候，母親會對你不仁慈。如果你可以看到母親是一名脆弱的五歲女孩，你會很容易慈悲地原諒她。這名五歲的小女孩，一直在你母親之內，也在你之內。

吸氣，我看見母親是個五歲小孩。

呼氣，我向受傷的五歲女孩——我的母親微笑。

母親，五歲大。

慈悲地微笑。

如果你還是個年輕人，修習療癒你的內在五歲小孩很重要。不然，如果你有孩子，你會將你的受傷小孩傳遞給你的孩子。如果你已經在傳遞你的受傷小孩給你的兒子或者女兒，也不是太遲。你現在就要開始修習，療癒自己的內在小孩，同時幫助你的子女療癒你已經傳遞給他們的受傷小孩。

所有人，父母以及孩子，可以一起修習療癒在自己之內以及在子女之內的受傷小孩。這是一項迫切的修習。如果我們能夠成功修習，就能夠重建我們與家人之間的溝通，就可以取得互相理解。

我們在自己的孩子之內，我們將自己完整地傳遞給他們。我們的兒子、女兒是我們的延續，兒子、女兒就是我們自己，他們會將我們帶到遙遠的未來。如果我們有時間以慈悲與理解來愛我們的孩子，他們將能獲益，能夠為自己、為他們的孩子以及未來的後代建立更美好的未來。

聆聽內在小孩

為了照顧好自己，我們需要返回內心，照顧在我們之內的受傷小孩。你需要每天修習回到你內在的受傷小孩身邊，溫柔地擁抱他或她，像一個大哥哥或者大姐姐。

我們一定要聆聽內在的受傷小孩，這位受傷的小孩當下這一刻就在我們之內，因而我們此刻就可以療癒他。「我親愛的受傷小孩，我為你在此，準備好了傾聽你。請告訴我你所有的痛苦、你所有的傷害。我在這裡，真正地傾聽。」我們擁抱內在小孩，需要的話，我們與他或她一起哭泣，這可能在我們靜坐的時候發生。我們也可以在樹林裡這樣做。當你懂得回到內在小孩，每天用五至十分鐘這樣聆聽，療癒的效果就會顯現。

我們之中有些人在修習這個方法，經過一段時期的修習後，他們的痛苦減退並轉化。如果我們這樣修習，我們將會看到自己與別人的關係轉好，我們將會看到自己內在有更多愛與平安。

向內在小孩說話

你的內在小孩與你並非真正兩個人，也非一人，你們互相影響。作為成人，你可以修習正念，邀請內在小孩與你一起修習。內在小孩與成為成人的你同樣真實。就像是玉米的種子真實地存在於玉米樹一樣，它還在那裡，這不是過去了的事情。如果玉米樹知道自己與玉米的種子是合一的，它們就可以對話。如果我們傾向回到過去，活在過去痛苦的回憶裡，我們要覺知到，我們是與內在小孩一起回到了過去，再次體驗同樣的經歷，包括那些恐懼以及欲望。返回過去的痛苦記憶會成為習氣，我們不想這樣做，因為這樣做並沒有用。

我們應該做的是與內在小孩對話。我們邀請他來到、走出來，熟習當下這一刻的生命。安住在當下是修習，是訓練。當我們安住於當下，我們不會為過去造成的傷痛受苦。在當下，我們可以看到很多美妙之事、很多正向的要件。牽起內在小孩的手一起玩耍，深深地接觸生命的美妙，這就是修習。由於我們有追憶過去的自然傾向，有時我們需要有人支援，有信任的人幫助我們，修習會更容易。

所有欲望是我們追求安全的原始欲望的延續。內在小孩持續地憂慮以及恐懼，但在當下其實並沒什麼困難，也沒有威脅。如果當下不存在問題，也就是我們沒有問題，為什麼還要持續擔心受怕呢？我們要傳遞這個智慧給內在小孩，令內在小孩明白，她或他已經無需再害怕。

我們可以獨自上山，走在梅子樹或者是葡萄樹之間，與內在小孩對話。我們可以說：「我親愛的小弟弟、小妹妹，我知道你在受苦。你是我的內在小孩，我就是你。我們已經長大，因而不需要再害怕。我們是安全的，我們也有方法保護自己。來，和我一起，安住在當下。不要讓過去囚禁我們，牽著我的手，讓我們一起步行，一起享受每一步。」

我們應該真的與內在小孩講話，講出聲來，不僅僅是想，而是去做。你或許會想要每天都與你的內在小孩說說話，這樣做的話，療癒就會發生，你的內在小孩就會在你的人生中與你同在。我們可以與內在小孩講話，牽起他的手，帶他來到當下，在此時此地享受人生。如果我們用十五分鐘這樣與內在脆弱的小孩講話，我們將能夠發現那原始的恐懼。

像煮開的一壺滾水，蒸汽會推動壺蓋。如果我們移除蓋子，蒸汽就會從壺裡散發，問題就不存在了。蒸汽不再製造壓力，因為它已經被釋放了。

同樣地，如果我們與內在小孩說話，以覺知的光接觸來自兒時的原始恐懼，療癒將由此開始。我們需要安撫內在小孩，雖然那恐懼感是真實的，但已經沒有存在的基礎。我們已經是成人了，可以保護與守護自己。

與內在小孩對話

我們需要跟內在小孩說話，同時也讓內在小孩說話，讓內在小孩表達自己一樣很重要。如果我們小時候沒有機會表達自己，那麼現在就給那小孩表達自己的機會。

拿兩個坐墊面對面放好，坐在一個坐墊望著對面。想像自己坐在那裡，是一名五歲、四歲或是三歲的小孩，然後對他或她說話：「我親愛的內在小孩，我知道你在那裡。你受了傷害，我是知曉的，你經歷了很多痛苦，我知道這是真的，因為我就是你。但現在我以成人的你與你說話，我想告訴你，生命是美妙的，有許多清新與療癒的元素。讓我們不再沉溺在過去，一次又一次活在過去、體驗過去的痛苦。如果你有什麼要告訴我，請你告訴我。」然後你坐到另一個坐墊，你坐著，或躺下如一名三歲的男孩或女孩，以小孩的語言講話。你可以抱怨，抱怨你的脆弱、無助，你無法做任何事，你很害怕，你迫切需要有大人陪同。你嘗試表達，你通過扮演內在小孩的角色來表達。如果有情緒顯現，有恐懼出現，那很好。你感覺到真正的恐懼、感覺到真正的渴求，希望有人可以親近你，保護你等等。

然後你換到另一個坐墊上，說：「我聽到你講的話了，我的內在小孩。我完全明白你的痛苦。但你知道，我們已經長大，已經是成人了。現在我們能夠保護自己了，我們甚至可以向員警求救，我們可以阻止其他人做我們不想要的事情，而我們能夠做任何事，不需要成人幫助，不需要任何人。我們的內在完滿，並不需要其他人來讓我們成為自己。我們傾向相信，必需有一位扮演母親或者父親角色的人，但那只是感覺，並不是事實。我已經體驗到，我們內在已經有足夠條件自我實現，並不需要另外一個人同在，讓我們放鬆與自在。」

如果你比較不想換坐墊位置或者講出聲音來，那也沒關係。如果你這樣每天與你的內在小孩對話五分鐘或者十分鐘，療癒就會發生。

寫信給你的內在小孩

你可以寫一兩頁或者三頁長的信給你的內在小孩，告訴他，你知道他的存在，你願意做任何事幫助他治療內心的傷痛。寫了幾封信給內在小孩後，你可以留意，內在小孩是否有什麼要寫給你的。

與內在小孩分享喜悅

另外一個讓我們的內在小孩感到安全的方法，就是邀請內在小孩出來，就在當下這一刻和我們一起玩樂。當你攀登美麗的山峰的時候，邀請內在小孩與你一起爬山；當你觀賞日落景色時，邀請她或他與你一起欣賞。如果你持續幾個星期或者幾個月都這樣做，內在受傷的小孩就能夠體驗到療癒。

與僧團朋友共坐

如果在童年時曾受過嚴重傷害，我們很難再去信任並愛人，也難以再被愛打動。然而這個修習勸告我們要回到內心，照料這名受傷的小孩，這其實很難做到。所以我們需要指引，告訴我們該如何做，才不會被內心的痛苦淹沒。我們需要修習培育正念，讓正念更有力量。朋友的正念能量也可以幫助我們，第一次回到內心接觸自己的受傷小孩的時候，我們需要一兩名朋友——特別是修習得很好的朋友，坐在我們身旁，給與我們支持、正念與能量。當坐在一旁的朋友握著我們的手，我們與他們的能量融合了，得以回到內心擁抱我們內在的受傷小孩。

如果你有參加僧團活動，修習會容易一些。獨自修習，沒有走在修行道上的弟兄姐妹（一起修習的僧團成員）支持，修習會很困難，特別是對剛開始修習的人而言。皈依僧團，有弟兄姐妹支持你、給與建議、在困難的時候幫助你，這非常重要。

7 ○ 和解

我們有將問題歸咎他人的傾向，把他們當作是與我們分離的。因而我們需要深觀並問問自己這些問題：我們每天都在成長嗎？我們每天是否更快樂一點？我們是否與自己以及周遭的人（包括我們喜歡與不喜歡的人）處得更好了？

人們說什麼或者做什麼不用影響到我們，我們仍然可以照顧好自己。我們可以盡能力幫助人們，而不是以批評及責罵，在自己與周遭的人們之間製造矛盾。

當我們的左手受傷，我們不會說：「笨手！你怎麼會這麼笨讓自己受傷了？」我們很自然表達對左手的關懷，希望它康復。我們也應該如此對待自己的家人或是往來的朋友，他們可能身體不是很好，或者很容易受到傷害，他們也有很多問題。我們不會說：「你表現不好，你要改變。」我們要學習關心他們如關心我們受傷的左手一般。

當我們對某人感到憤怒，這是因為我們不明白，對方內在的許多部份並非就是他；我們未能明白，對方的行為來自習氣，那是他的先人傳遞給他的。當我們深入觀察，我們會比較容易接受對方，對自己也是如此。當我們瞭解到自己之內的所有部份都是來自其他人，譬如我們的父母、先祖以及環境，我們就能夠明白，我們對自己以及別人這麼嚴厲是來自其他的根源。我們能夠覺察到：「啊，這是我的祖父，他在批評我的朋友。」每一次我們主動與人互動而不加判斷，能夠幫助我們正念覺察：我們的思想、言語與行動都不僅僅是自己的，我們的先人每天都在我們之內。有了這樣的了悟，我們就能夠找到方法與別人和諧相處，不製造矛盾。

錯誤認知

由於我們常常陷入過去受苦的影像，很容易就產生錯誤認知，因而與別人互動的時候帶來更多痛苦。假設我們對某人感到憤怒，因為我們以為對方企圖讓我們受苦，這是我們的認知。我們相信其他人的意圖是要令我們受苦，令我們的人生悲慘，這樣的認知帶來憤怒，隨之而來的行動會對自己與其他涉及的人帶來痛苦。

與其向別人咆哮，我們可以通過正念呼吸與正念步行培養覺察與智慧。我們通過吸氣、呼氣，覺察到自己內在的痛苦與錯誤認知，也看到別人內在的痛苦與錯誤認知。我們達到了某種程度的覺醒，但其他人未必能夠做到，因為他不知道如何辨認與處理痛苦，不知道如何走出目前的困境。他受苦，令自己與身邊的人受苦。

當我們明白這一點的時候，我們會以另一個角度看這個人。我們看到他內在的痛苦，也看到他不懂得處理痛苦。當我們看到他內在的痛苦與他的處境，慈悲在我們之內生起。當慈悲生起，憤怒就轉化了。我們的行為不再以懲罰為目的，因為我們不再憤怒。

這就是了悟在發揮作用。我們的了悟救了自己，因為它幫助我們改正了錯誤的認知，當錯誤認知不存在的時候，憤怒、恐懼以及悲傷也不再存在，取而代之的是慈悲與伸出援手的意願。

意志是我們所有行動的基礎。當我們產生錯誤的認知時，我們的意志促使自己做出製造痛苦的行為。若能了悟，我們的意志就會是良善的意志，幫助的意願促使我們去行動，而不是為了懲罰對方。當這樣的動機生起，我們即時感到好多了，即使那時我們並沒有做任何事情。這樣的修習即時令自己受益，那個被視為造成我們痛苦的人也隨之受惠。

療癒我們與家人的關係

我們可能有一位這樣的父親，他認為我們是他的財產，就如一棟房子、一筆錢、或者是一輛車。如果我們有這樣的父親，他或者會以為我們是他的孩子，他就可以為所欲為。他不當我們是一個人，有權思考、行動以及跟隨我們認為美好、善良以及真實的事物。他只是希望我們跟隨他為我們勾畫的道路。為什麼有些父親會這樣？但也有很多父親與那些父親不同，他們能夠尊重孩子，視孩子是個自由的生命。

如果父親用錯誤的方式對待我們，可能是因為他有不幸的遭遇。他的教育與環境沒有教導他如何感受以及如何表達關愛與理解。如果我們責備他、懲罰他，他會受更多苦。但這樣做並不能幫助他。當我們瞭解到父親是一個不幸的人，我們對他的憤怒就會消失。父親成為一個需要我們的愛而不是懲罰的人。

當然我們需要保護自己。如果父親會在身體或者情緒方面傷害我們的話，我們就不該接近他。但逃離父親只會增加雙方的痛苦，如果我們與父母同在時沒有修習正念，我們將為父母與自己製造地獄。

每一次父母與子女吵架，子女都是輸的一方，因為子女不被容許用父母所用的語言回嘴；父母可能會揍孩子，但孩子不能打父母；父母可以用語言毒罵孩子，但孩子不能這樣做。由於他們不能表達他們所接收的暴力，他們因而生病了。但他們接收了的暴力仍留在他們之內，同時會尋求出口、找到能夠宣洩出來的管道。如果我們在年輕的時候沒有好好對待自己、甚至傷害了自己，這是因為我們找不到其他把內在暴力表現出來的管道。我們從父母與社會接收暴力，並成為這些暴力的受害者。

我們的父母沒有足夠的智慧令暴力遠離他們的孩子，即使他們的動機是為了保護我們、給我們幸福。我認識一位年輕人，他讀醫科，他的父親也是醫生。這位年輕人就像其他年輕人一樣，承諾自己會與父親不同。但當他成為父親的時候，他對待自己的孩子一如他的父親對他一樣，他向自己的孩子咆哮，並且每天數落他們。

作為孩子，我們發願要做與父親所做的相反的事，但當我們有了自己的孩子的時候，我們常常重蹈父母的習氣。這是輪迴之輪，一代一代延續人生的痛苦。我們修習就是為了切斷輪迴之輪，終止我們的習氣，阻止它影響我們與孩子的關係。

父母與子女都需要認清正在傷害自己與自己所愛的人的暴力。雙方都要尋找深觀之道，因為兩代人都是受害者。孩子們認為自己是父母的受害者，父母則認為自己是孩子的受害者。我們持續責怪對方。我們不能接受這個事實：暴力存在於父母與孩子雙方之內。與其互相對抗，我們應該一起以父母與子女的身份，通力合作找出解決的方法。我們受了苦，並不表示我們也要持續令對方受苦。我們每個人都已經為了同樣原因受了很多苦，因而我們需要肩並肩成為盟友而不是敵人。我們受的苦已經多到足以指引我們如何不犯同樣的錯。佛陀說：「無論什麼來到，修習深觀其本性。」當我們明白它的本性，明白它怎麼會變成這樣，我們就是踏上解脫的道路。

夥伴應走向夥伴，朋友應走向朋友，母親應走向女兒。我們一起接受一個事實：我們都在受苦，雙方內在都有暴力、仇恨與悲傷。與其互相對抗與責備，不如互相幫助，在老師與團體的帶領下一起修習。

放開心胸

我認識一名年輕人，他非常憤恨他的父親，他說：「我不想再跟我的父親有任何關係。」他覺得自己所有的痛苦都是來自父親，他要跟父親完全不同，希望能夠將與父親有關聯的所有部份完全切割。但如果他深入觀照，他會明白，即使他一輩子恨他的父親，他就是他的父親，他依然是父親的延續，恨父親就是恨自己。除了接受自己的父親，我們別無選擇。如果我們的心量狹小，還不足以包容父親，這時我們就需要一顆寬闊的心。我們要怎樣擁有更寬闊的心，足以包容自己的父親呢？

修習深觀是幫助開闊心胸直至無量大的唯一方法。一顆可以量度的心不是一顆大心。有四個元素構成真愛，也就是「四無量心」，它們是慈（maitri）、悲（karuṇā）、喜（muditā）、捨（upekṣā）。我們修習這些元素，令我們的心擴展到無限大。當我們的心變得開闊、成長得更廣大，我們就能夠包容、接受任何痛苦。那時，當我們擁抱內在的痛苦，我們就不再受苦。

佛陀用一個比喻來形容無量心。當塵埃落在一杯水中，我們不會再喝那杯水，我們會倒掉它。但如果塵埃落在一條巨河裡，我們仍會繼續利用河裡的水。那條河很大，可以接受那些塵埃，我們也會飲用那條河裡的水。

當我們的心量仍狹小時，我們無法忍受另一個人或社會所施加於我們身上的痛苦和傷害；然而當我們有了無量心，我們就包容得下這些痛苦，而不會受苦。四無量心的修持，讓我們的心胸如巨河般遼闊。

慈心禪

Maitri的意思是慈心，它的根源字mitra，是朋友的意思。慈心禪幫助我們成為自己與別人的朋友，我們由這樣的願望開始：「願我能夠……」然後我們超越這個願望的層面，深入觀察所觀照的對象的正面與負面特徵，這裡所指的對象就是我們自己。希望去愛的意願還不算是真愛，我們深入觀察，全身心地投入去瞭解。我們不是只是在重複那些字句，也不是自我暗示。我們深觀自己的身體、感覺、認知、心理活動，以及自己的心識，只需要幾個星期，希望去愛的願望將成為深刻的動機。愛將進入我們的思想、語言以及行動。我們將注意到自己變得平和、快樂、身心自在。

慈心禪出自覺音尊者（Buddhaghosa）所著的《清淨道論》（*Visuddhimagga*），是西元五世紀時綜述佛陀教導的作品。修習慈心禪首先以自己為對象：「願我」。因為我們懂得關愛與照顧自己之前，我們並沒有足夠的能力幫助別人；接著，我們再以其他人為修習對象：「願他、願她，或願他們」。可以先由自己喜歡的人開始，然後是沒有什麼利害關係的人，再來是我們所愛的人，最後是令我們受苦的人。

願我安詳、幸福、身心自在。

願我平安，遠離傷害。

願我從憤怒、傷痛、恐懼與焦慮中解脫。

願我學習以理解與愛的眼睛看待自己。

願我能夠辨識與接觸內在喜悅與幸福的種子。

願我學習確認與瞭解內在憤怒、渴求與妄想的來源。

願我懂得每天滋養內在喜悅的種子。

願我能夠活得清新、安穩與自在。
願我從依戀與厭惡中解脫，但非麻木。

愛不僅僅是愛的動機，愛是減輕痛苦、給與安詳與幸福的能力。愛的修習會增長我們的寬容心，這是有耐心與擁抱困難與痛苦的能力。如果我們的心寬廣，我們能夠擁抱痛苦卻不受苦。寬容的意思不是要我們壓制痛苦。

和平約章

如果我們自己、我們的伴侶以及其他家庭成員不想受苦，不想受困於抱怨與對抗，我們可以簽署「和平約章」。我們說：「親愛的，我知道在你之內有憤怒的種子。我知道每一次我灌溉這種子，你會受苦，你也令我受苦，所以我發願避免灌溉在你之內的憤怒種子。我向你承諾。當然，我也承諾不再灌溉自己內在的憤怒種子。親愛的，希望你也能夠作出同樣的承諾。在你的日常生活裡，請你不要閱讀、瀏覽或者攝取任何會灌溉你內在暴力的東西。你知道在我之內有一粒憤怒的種子，已經夠大了。每一次你說某些話或者做某些事情灌溉這顆種子，我受苦，我也令你受苦。因此，讓我們更有智慧，不要灌溉對方內在的暴力與憤怒的種子。」

這是「和平約章」的其中一部份，我們可以與伴侶、父母、子女一同簽署。如果有家人或團體的其他成員見證簽署過程，那會很美妙。根據「和平約章」，每一次憤怒顯現，我們不說或做任何事，我們返回內心，照顧自己的憤怒，修習深觀，去接觸以及認出痛苦的源頭。

我們可能得到的第一個領悟是：痛苦的主要來源是我們內在憤怒的種子，其他人只是第二個因素。我們看著那些為我們帶來痛苦的人，明白他們不懂修習、不懂控制以及照顧內在的暴力。受過許多苦的人，成了自己的痛苦的受害者，持續受苦並令身邊的人受苦，這是自然的過程。他們需要的是幫助多於懲罰。這是我們得到的第二個領悟。

我們還可以更進一步的領悟。如果那個人需要幫助，誰來幫呢？我們覺知到自己比任何人更瞭解他，我們有責任回家幫助他。當回去幫助他的意願生起的時候，我們知道，憤怒已經轉化為慈愛，我們不再受苦。我們受到愛以及慈悲的推動，回家幫助他。我知道很多年輕人，他們在梅村修習後，回家幫助他們的父母。他們不再埋怨他們的父母。

寫信

我認識一名年輕人，他對他母親有很大的憤恨。我邀請他參加的那個禪修營的所有人，都寫下父母的正面特質。那個年輕男子對自己說：「寫我父親的特質很容易，但要寫我母親，我不認為可以寫些甚麼。」但他還是嘗試寫。但非常驚奇的事情發生了，他一個又一個地寫出母親正面的特質，一張紙還寫不夠，結果他在那張紙的反面繼續寫。

在那段期間，他修習深入觀照，結果覺察到他的母親有很多美善的特質。他對母親的憤怒其實來自一件事，那件事所引發的憤怒掩蓋了一切。在那個練習的最後階段，他重新發現母親是個很好的人。隨後，根據那個練習的指引，他寫了一封「情書」給他的母親。

他在信裡寫道：「媽媽，我為自己擁有像妳這樣的母親而感到幸福與驕傲。」他也提及自己從母親那裡繼承的好個性。一個星期後，他接到他的妻子從美國那邊打來的電話，她說：「你母親讀到你的信時非常高興。她說，她重新認識自己可愛的兒子。她又說，如果她的母親還在世，她也會寫一封這樣的信給自己的母親。」

那位年輕人與妻子通完電話後，他坐下並寫了另一封信給母親：「媽媽，如果妳深入觀察，妳會發現我外婆仍然活在妳之內，活在妳身體的每一個細胞裡。我相信，如果妳坐下寫這樣一封信，外婆將能夠讀到這封信。這永遠不會太遲。」這位年輕人與他的母親重建美好的關係，這並不需要太多時間。

根據「和平約章」，如果修習擁抱與深觀後，我們仍未轉化自己的憤怒，那麼我們需要在二十四小時之內告訴對方。我們沒有權力收藏憤怒超過二十四小時，我們必須告訴對方。將憤怒藏起來對自己並不健康，我們應該告訴對方，我們很憤怒，我們受苦。如果認為自己不能冷靜地說出來，我們可以在一張紙上寫下來。根據「和平約章」的規定，我們需要在特定的時間內送出這張便條*。

促進和解的三句話

當有人令我們生氣的時候，在梅村我們會修習三句話。你可以寫下來，放在你的皮包裡作為提醒。第一句是：「親愛的，我感到憤怒，我在受苦，希望你能知道。」以愛的語言，你告訴對方真相，就是你感到痛苦，你對他感到憤怒。當對方走過來問我們還好嗎、是不是在生氣時，我們可能出於傲慢及自以為是而這樣回應：「我在生

＊請參見本書二一二頁〈和平便條〉的範例。

氣？我才不會苦惱呢。」這是與修習背道而馳。我們應該這樣說：「親愛的，我感到憤怒，真的很憤怒，我在受苦，希望你能知道。」如果你想講多一些，你可以說：「我不明白你為什麼對我講這樣的話，為什麼你要對我做這樣的事，我很痛苦。」這是第一句的內容。

第二句是：「我正在嘗試做到最好。」這句話的意思是，我正在修習。當我感到憤怒，我不應該說或者做任何事，我會回到呼吸，正念修習擁抱憤怒，以及深觀自己內在憤怒的根源。我正在盡力做到最好。我們向對方展示，我們是一位修習者，懂得處理自己的憤怒，這能夠啟發對方的信心與尊重，也是間接邀請對方修習以及問他自己：「我說了什麼？我做了什麼令他受這麼多痛苦？」這已經是修習的開端。第二句邀請對方深觀，他是否說了不適當的話，或者是做了不適當的事。

第三句是：「請幫助我。」靠自己獨自一人，我難以轉化這個痛苦、這個憤怒。如果我們能夠讓自己寫下第三句，痛苦已經減少了。當我們和對方成為伴侶或是朋友時，在這個修習中，我們不單要分享幸福，也要分享痛苦。「現在我正在受苦，我要與你分享，我需要你的支援。」如果你能夠寫下這句話，表示你已經征服了你的驕傲。很多時候，當我們受到傷害，我們寧願走進自己的房間，獨自哭泣，也不願接受對方任何幫助，這是我們內在的驕傲。我們希望讓對方知道，沒有他，自己也可以生存，藉此懲罰對方。

這三句話是我們修習的指引。除了說：「親愛的，我感到憤怒，我在受苦，希望你能知道。」「我正在嘗試做到最好。」「請幫助我。」你也可以在一張像信用卡這樣大小的紙上寫下這三句話，然後放在皮包裡。每一次憤怒的能量生起，你知道應該怎樣做：把它拿出來讀。在那時候，佛陀與你一起，你清楚知道應該做什麼，以及不應該做什麼。我的很多朋友用這項修習改善了關係——父子關係、母女關係、伴侶關係。另外，正念呼吸與正念步行在讓自己安靜下來這方面幫了很多忙。我們懇求自己內在最美善的部份處理這個處境。我們不再作出即時回應，容許憤怒與暴力造成更多的痛苦。

和解信

這三句話可以作為一封和解信的基礎。寫信是一項非常重要的修習。即使我們的意圖非常好，如果我們的修習不夠穩固，我們可能會在說話的時候變得急躁，回應得不夠善巧，結果還是破壞了當時和解的機會。比較之下，寫信更加安全、容易。在信中，我們可以完全誠實。我們可以告訴對方，他做了一些事情傷害了我們，令我們受苦。我們可以寫下內心的所有感受。寫信的時候，我們修習平靜，用平和與慈愛的語言，嘗試建立對話。我們可以這樣寫：「我親愛的朋友，我可能是錯誤認知的受害者，我在這裡寫下的未必反映了事實。但這是我所經歷的，是我內心的真正感受。如果我的認知有錯，請改正我。如果我所寫的內容有任何錯誤，讓我們坐下一起深觀，藉此澄清這個誤會。」寫信的時候，我們用愛語。如果有一句話寫得不夠好，我們可以一再地重新開始，寫另一句更有善意的句子。

在信中，我們要顯示自己能夠看到對方的痛苦：「親愛的朋友，我知道你也在受苦。我也知道，你無需為你自己的痛苦負上全部責任。」通過修習深觀，我們能夠發現對方痛苦的一些根源與原因，我們可以告知對方這些事情，也告訴對方我們的痛苦，同時讓對方知道，我們明白他為什麼會有這樣的行為、為什麼會說那些話。

我們可以用一兩個星期甚至三個星期來完成這封信，因為這是一封非常重要的信。這封信關係到我們的幸福。我們用來寫這封信的時間甚至比有些人用一年或者兩年時間寫博士論文更加重要。我們的論文並沒有這封信這麼關鍵。寫一封這樣的信，是我們為突破及重建關係所做的最好的事情。我們是自己所愛的人最好的醫生、最好的治療師，因為我們是最瞭解對方的人。

我們不需要獨自做這件事。我們有一起修習的弟兄姐妹，給與我們光照、幫助我們完成這封信。我們需要的人就在我們的團體裡。當我們寫書的時候，我們會把草稿給朋友及專家，徵求他們的意見。我們的同修就是專家，因為他們全都修習諦聽、深觀以及愛語。所以我們給一位姐妹看這封信，詢問她，信中的用語是否友善、是否平和、是否有足夠的了悟。之後，我們再讓另外一位弟兄或者姐妹看這封信。我們持續這樣做，直到感到這封信能夠為收信人帶來轉化與療癒。

對於撰寫這樣的一封信，沒有任何時間、能量與愛是我們不願投資在其中的，也沒有朋友會拒絕在這個努力的過程中幫助我們。這是我們與一位我們非常重視的人重新建立關係的關鍵，她／他可能是我們的母親、父親、女兒或者是我們的伴侶，也可能是坐在我們隔壁的人。我們可以即時開始，今天開始寫這封信。我們會發現，只需要一支筆與一張紙，我們可以修習與轉化關係。

當我們禪坐、打掃或者是做飯的時候，我們不去想關於這封信的事。但是，我們所做的每一件事都與這封信有關。我們在書桌寫信的時間只是將感受寫在紙上，但這不是真正產生這封信的時間。我們在照顧菜園、修習正念步行以及為團體做菜的時候孕育了這封信。這些修習幫助我們變得更加穩定、更加平和。我們凝聚的正念與定幫助我們內在的理解與慈悲的種子生長。如果我們的信來自凝聚了一天的正念，這一定是一封美好的信。雖然我們沒有思及將會寫那封信給所愛的人，那封信已經在意識深處開始撰寫。

我們不能只是坐著寫信，我們還有事情要做：喝茶、做早餐、洗衣服以及澆花。我們用來做這些事情的時間非常重要，我們必須好好地做這些事情，百分之百將自己投入於做飯、澆花以及洗碗。我們純粹享受做每一件事，深深地投入在其中。這對我們的那封信以及所有我們希望製造的東西都非常重要。

開悟和洗碗以及種菜這些事並沒有分隔。學習在日常生活中以正念與定深深地活在每一刻，就是修習。一件藝術品的概念與創作就在日常生活的時刻產生。寫下一首音樂或一首詩的時候，只是替「嬰兒」接生的過程。這名「嬰兒」早已經在我們之內，等待我們為它接生。如果「嬰兒」不在我們之內，即使我們坐在書桌前很多小時，也沒有東西可以接收，我們無法產生任何東西。我們的領悟、慈悲以及我們的能力所寫出的一封感動人心的信，是我們修習的樹上盛開的花朵。我們應該善用生命的每個時刻讓智慧與慈悲綻放。

這是內在的正念能量，讓我們寫出一封真正的「情書」並與某個人和解。一封真正的「情書」是用智慧、理解與慈悲寫成的，要不然這就不是一封「情書」。一封真正的「情書」可以為另一個人帶來轉化，從而為這個世界帶來轉化。但這封信在為別人帶來轉化之前，先要為我們自己的內在帶來轉化。有一些信，需要我們用一生的時間去寫。

欠缺善巧

當我們覺察自己曾經在過去受苦並導致其他人痛苦，不需要感到沮喪。如果我們懂得處理痛苦，就能夠從痛苦中獲益。當然我們都曾經犯錯，不夠善巧而令身邊的人受苦，但這並不妨礙我們重新開始，讓事情在明年變得更好，或甚至在下一刻就變得更好。我們應該這樣看待痛苦：痛苦可以成為正面的東西。所有人都曾經犯錯以及不夠善巧，但這不會阻礙我們進步、重新開始以及轉化。

當事情出錯的時候，我們習慣即刻去補救。我們希望煩惱、痛苦、錯誤盡快消失。但當困難發生時，第一步需要做的並非是補救，而是認出它。當我們用了一些時間與自己共處，我們會更容易去接近那位我們努力希望與他和解的人。我們可以這樣向對方說：「親愛的，我知道在過去幾個月或幾年，你受了許多苦。對你的痛苦，我需要負起部份責任。我不夠正念，未能全然明白你的苦惱與困難。我可能說了什麼或是做了什麼令情況更糟。很對不起，我並不想這樣。我希望你幸福、平安、自在以及喜悅。由於未能對你以及對你的苦惱有足夠的瞭解，有時我不夠善巧，可能因而給了你一個錯覺：我希望你受苦。這並不是真的。請你告訴我你的痛苦，那麼我就不會犯同樣的錯誤。你的幸福是我幸福的關鍵。我需要你的幫助，請告訴我你的恐懼、你所關心的事以及你的困難，讓我更容易幫助你。」這樣的語言來自正念的覺察。

很多人不夠正念去覺知子女的困難、苦惱、憤怒以及痛苦。父母應該懂得向孩子說由衷之言。透過學習這樣講話，我們將可重建溝通，與子女和好。和解的進程由此開展。

每個人都明白和平必須由自己開始，但並不是每個人都知道怎樣做。當我們生起正念的能量，痛苦即轉化為理解以及慈愛，要和解就不難了。在這個階段之前，和解是不可能的，因為驕傲、憤怒以及對痛苦的恐懼阻礙了我們。但當我們擁有正念的時候，理解滲入了我們心靈的土壤，慈悲的甘露隨之湧現。

與自己和好

一對即將在梅村結婚的愛侶走來問我：「老師，二十四小時之後我們就要結婚了，我們要怎樣準備以獲得成功的婚姻呢？」我回答：「最重要的是深觀自己的內在，查看那裡是否還有障礙。此刻，是否還有你不曾和解的人？你的內在是否還有一些不和諧的東西？」和解並不單指與另外一個人和解，也包括與自己和好。我們內在有許多矛盾，需要我們坐下來與它們協調。修習正念步行以及正念靜坐，能夠幫助我們覺察及瞭解自己的情況以及知道自己可以做些什麼。

我們修習行禪、坐禪，在日常生活中做菜及洗碗，這一切都是為了讓我們能夠深觀，明白自己應該做些什麼讓一段關係重新開始。這對愛侶發現，在結婚之前還有很多事情要做，但他們只有二十四小時。他們希望立即與一位朋友和解，但如何在二十四小時內把信寄到那位朋友那裡呢？如果和解在內心進行，時間就足夠了。因為在內心進行的和解，它的效應很快能夠在所有地方感受得到。

即使我們希望與之和解的對象身處遙遠的地方，即使對方拒絕接聽電話或者拆開信件，甚至即使已經過世，和解仍然是可能的；對方或許是我們的父親、母親、姊妹、我們的女兒或者兒子；對方可能仍然活著，或者已經過世，和解都是可能的。因為和解的意思是從自己的內心開始實踐，因而可以恢復和諧的關係。我們知道，重新開始，讓一切事物有新的開始是可能的。我們的母親也許已經去世，但通過深入觀察，就能覺察母親依然在我們之內，沒有母親我們不能存在。即使她令我們憤怒，我們恨她；即使不願想起她，她仍在我們之內。更甚者，她就是我們，我們就是她。我們是母親的女兒或者兒子，我們是母親的延續，不論我們喜不喜歡，我們就是自己的母親。和解是在個人的內在實踐。與我們的母親、父親、兒子、女兒或者伴侶和解，其實就是與自己和好。

我們有時會後悔沒有在某位家人去世前說適當的話，或者後悔當對方在世的時候沒有善待他，現在我們覺得太遲了。但我們無須內疚，因為那人仍然在我們之內，我們隨時可以與他重新開始。我們向他微笑，向他說以前沒有機會說但應該說的話。現在就說出來，他會聽得到的。有時候甚至我們什麼話也不用講，只是讓生活依從「重新開始」的修習所要展現的精神，他就會知道。

我告訴一名曾經在越南殺害五名兒童的美國退伍軍人：「你不需要延續因殺害那五名小孩而承受的痛苦。如果你懂得生活，懂得救助現在的以及未來的兒童，那五名孩子會理解你，他們將會向你微笑，也會在你的修行道上支持你。」我們沒有必要沉溺於內疚的心結。任何事都有可能。過去的並未消逝，過去還以現在的形式存在。如果我們懂得深入接觸當下，就能接觸到過去，甚至改變過去，這是佛陀的教導。如果我們曾經對已逝的祖母說過不善的話，我們可以重新開始。只要坐下，修習正念吸氣、呼氣，然後邀請祖母與我們一起。我們向她微笑，說：「祖母，對不起。我不會再說這樣的話了。」我們將看到祖母在微笑。這樣的修習能帶來安詳，令我們重生，也會為我們身邊的人以及未來的世代帶來喜悅與幸福。

當我們傷害了別人

當我們傷害了別人，導致對方視我們為敵人時，我們該怎麼辦呢？被傷害的人可能是我們的家人、也可能是和我們同一個社區的人，甚至有可能身在國外。我想我們其實都知道答案，有幾件事我們可以做。第一件事是找機會向對方說：「對不起，我因為無明、缺乏正念及善巧而傷害了你，我會盡我所能得到更多的理解。現在我暫時不說了，因為我不想再次傷害你。」有時候，我們並沒有想傷害別人的意圖，但由於欠缺正念或不夠善巧，而傷害了某人。在日常生活保持正念非常重要，因為可以確保我們的言語不會傷害到別人。

第二件可以做的事是嘗試帶出自己內在最好的部份——我們的「花朵」，以轉化自己。當我們變得清新、和藹可親的時候，其他人將很快注意到。當有機會接近那個人的時候，我們像花一般走向他，他將很快留意到我們不同了。我們不用講話，只是看到我們的樣子，他就會接受我們、原諒我們。這是以生命說話，而不是用言辭。

當我們看到「敵人」在受苦，這是了悟的開始；當我們生起希望對方停止受苦的願望，這是真愛的跡象。但小心，我們有時會錯估自己的實力。為了檢視自己真實的狀況，我們走到對方那裡，聆聽並跟對方說話，我們將即時發現自己的慈愛是真的還是假的。我們需要對方的存在以檢視自己的實力。如果我們只是靜思抽象的道理，例如理解或者愛，這可能只是想像，並非真正的理解或者真正的愛。

和解的意思是放下二元對立概念以及想要懲罰對方的癖性。和解反對所有不同形式的野心，但不執取。發生衝突時，大部份人都會執著於自己的立場。我們以部份的證據或者傳聞來明辨是非。我們以為要有憤慨來推動我們採取行動，但即使是合法的，義憤也還不夠充份。我們的世界並不缺乏願意投身行動的人！我們需要的是有愛的能力又不執著立場、能夠擁抱真相的人。

我們應該持續修習正念與和解，直到我們看到飢餓孩童的身軀就如同見到自己的身軀；直到所有物種的身體痛楚都成為自己的痛楚。到那時，我們將了悟何謂無分別，何謂真愛；到那時，我們將能夠以慈愛的眼睛看眾生，將能夠做到幫助他人離苦的真正任務。

什麼阻礙了我們成爲幸福的人？

我們修習是為了再次學習怎樣步行、呼吸以及安坐；學習一種能令整個步行過程充滿安詳與喜悅的步行方式；學習一種能令吸吐間具有安詳、朝氣與慈悲的呼吸方式。當我們用早餐時，我們的進食方式帶來自在與喜悅。這是我們可以學習的事，在僧團以及修習團體裡兄弟姐妹的支持下，我們接受這些訓練。我們之中有些人能夠正念呼吸，從而享受與品嘗當下。一個吸氣可以帶來很多樂趣。「吸氣，我活著！」這是慶祝生命存在的時刻。我們知道自己活著，知道能夠通過修習真正活出自己的生命，在每個時刻慶祝自己的生命。吸氣，我知道我活著，呼氣，我對生命微笑。

這個練習每個人都做得到。所有人都可以在吸氣時，用那個入息慶祝生命，但有些東西阻礙了我們。當我們走路時，每一步都可以幫助我們接觸到已經存在的生命的美妙，我們知道春天就在那裡、太陽在那裡、生命在那裡，花兒在向我們微笑。理論上我們應該能夠接觸到這些生命的奇蹟，從而得到滋養、得到療癒，但有些東西阻礙了我們，阻止我們成為幸福與自在的人，我們失去了微笑。

但我們可以找回自己的微笑。我們跨出的每一步，都會接觸到生命以及它的奇蹟，也都成了生命的禮讚。這樣走路，是自由地走路，從痛苦、恐懼與悲傷中解脫。這種自由是我們幸福的基礎。當我們走路，我們行走如一位自由自在的人。而當我們自由的時候，我們就能接觸到滋養與療癒我們的生命奇蹟。

是什麼阻礙了我們以每一步慶祝生命的走路方式？那些障礙物是什麼？我們要認出它們並呼喚它們的名字。是什麼阻止了我們這樣行走、這樣呼吸、帶著喜悅與幸福吃早餐？我們非常清楚，當下是接觸生命的唯一時刻。過去的已經不再，過去不再包含生命，而未來也還沒來到這裡。過去是不真實的，未來也是如此，只有當下是真實的。因此，修習就是要接觸當下，讓自己在當下存在，安住於當下，接觸生命，真正活出自己的人生。這可以由每一步做到、可以由每一個呼吸做到，以一杯茶、一頓早餐，以及一聲鐘響做到。所有這些帶我們回到當下，幫助我們活出自己的人生。我們訓練自己這樣走路：每一步、每個吸氣、每個吐氣都帶來幸福、帶來生命。

在當下轉化過去

當我們在禪修營或者在禪修中心的時候，可能看不出自己有任何問題。但當我們回到家裡時，那個問題、可能是另一個人，就出現了。我們過去有很多困難，我們以為這個人就是問題所在，令我們不能自由地呼吸，不能靜下心來欣賞花朵的美，因為我們總是想著回家後就會見到那個人。我們不是自由的，未能真正享受自己的吸氣與呼氣，因為我們持續想著那個問題，思緒持續滑到過去。但我們其實可以真正地安住於此時此地，只有此時此地是我們安身之處。

面對那個人時的恐慌並不能困擾我們。通過深入觀察，我們知道修習正念呼吸，安住於當下，就會有能力掌控那個情況，有能力處理所有境況。這就像懂得怎樣用瓦斯煮飯、透過電提高室內的溫度一樣，如果我們對這些認識不夠，就可能被瓦斯或者電力給害死。但我們懂得的已經足夠，即使並非完全了知電力的一切，也不是專業電工，我們懂得的已足以運用它，因而我們不怕觸電。我們不怕電與瓦斯，是因為我們知道怎樣掌控它們、運用它們。人會死於瓦斯或電，但並不是被瓦斯或電力殺死，不，當然不是。事實是，瓦斯想幫助我們烹煮美食，電器則在屋裡以不同的方式助益我們。

這情況就與那個人一樣。他並沒有想令我們受苦的意願，是我們沒有能力與他相即（inter-be）而令自己受苦。我們需要對他有足夠的認識。如果我們明白那個人是怎麼回事，就像明白瓦斯與電一樣，危險就不再存在，我們也不會再受苦。那個人並沒有想令我們受苦或傷害我們的意願，他可能有困難，可能正在受苦，而他不懂得怎樣處理與照顧痛苦，他因而受苦並令我們受苦。當我們明白這些，並對那個人有足夠的認識，我們會知道，這並不值得苦惱。

如果那個人說了一些難聽的話令我們受苦，這就像打開瓦斯一樣，我們知道瓦斯的一些性質，我們需要留心處理，就是這樣。那個令我們受苦的人內心有痛苦，他還沒學到處理它的方法，因而他持續受苦並令別人受苦。如果其他人理解他，知道怎樣對待他，他們就不會因為他而受苦，甚至可以幫助他少受一點苦。

當他望著我們並說一些殘忍的話時，如果我們的內在有慈悲與理解，我們就是受保護的。我們非常清楚，對方正在受苦，他無法處理自己的痛苦，他需要慈愛、需要幫助。當我們擁有這樣的理解與了悟，我們就是受到保護的，我們不會因他所說或者所做的受到傷害。我們能夠生起一個意願，做些事情——不是在做出反應，而是做出幫助他減少痛苦的回應。理解與慈悲保護我們，就像懂得瓦斯或電的性質，令我們不再怕它。我們打理瓦斯與電，對那個人也是一樣。那個人並不想傷害我們，令我們受苦。他正在受苦，我們需要幫助他。

我們坐在這裡，深入觀察，不再受怕，我們跟自己說：「當我走向他，我會採取這個策略，我將不再受苦。我會找到幫助他減少痛苦的方法。」我們有保護裝備，我們以慈悲與理解裝備自己，沒有任何恐懼，我們是自由的。這就是為什麼幸福在當下是可能的。花朵保存著我們的微笑，我們可以即刻取回並享受那微笑。

你當下此刻有問題嗎？觀察自己的身體、感覺、認知，你有什麼問題嗎？如果你看到自己在當下沒有任何問題，我們就不應該讓過去的幽靈主宰我們。我們不應讓過去或者未來的投射毀掉我們，它們只是魅影。這是為什麼我們一直訓練自己活在當下，這是我們的修習，這是我們的道路，這是通往和解的道路。

8 ○成為菩薩

很多人修習禪坐是為了逃離痛苦，因為禪坐能帶給我們一些平靜、一些放鬆，也能幫助我們遠離這個世界的悲慘與爭吵，體驗到一些喜悅與快樂。我們坐下希望少一些苦惱。我們的行為就像一隻躲進洞穴的兔子，希望有受到保護的感覺。我們像一隻兔子般坐在自己的洞穴裡，希望不受騷擾，遠離這個世界。我們這樣做，是因為受了太多苦，需要休息，需要逃離，但這並不是禪坐的真正目的。當我們坐得像兔子，我們只是想逃避痛苦。我們應該以自己的智慧與定力以獲得洞察力，轉化內在的痛苦，然後成為佛陀——一位覺悟的人，一位自由的人。

佛教有三個世界觀：欲望與渴求的世界（欲界）；有形的世界（色界）以及無形的世界（無色界）。我們有能力放下渴求與欲望。我們修習放下欲望的世界以獲得喜悅與幸福，這是修習的第一步。但即使我們放下了欲望的國度，腦中的叨叨絮語仍持續不斷，因此我們修習平靜，希望停止腦中的絮語。腦中的絮語由兩個元素組成：粗想（vitarka，亦譯作「尋」）與細想（vicara，亦譯作「伺」）。粗想是初念，細想是反思性思維、持續的思維。

我們不能停止思考，因為腦子裡有一部錄音機在不斷運作，這是腦中的絮語造成的噪音。為了停止腦中的絮語，我們學習覺察入息與出息；要停止思考，我們只需安住在入息與出息。享受入息與出息，我們停止了腦中的絮語，這就是平靜。我們坐在那裡，享受入息與出息、享受寧靜、享受沒有腦中的絮語，享受喜悅以及快樂。

但這樣修習是不夠的。如果只是這樣修習，我們可能會在三年後離開修習的團體。當我們離開後重返現實世界，我們再次看到存在於現實社會中的痛苦。在現實世界生活了三個月或一年後，我們會希望重返修習的團體，如此循環不斷，結果我們的修習可能成為一個模式：從平靜與逃離中獲得喜悅與快樂。

這是正念的鐘聲，告訴我們需要更深入修習。作為修習者，當我們不快樂的時候，我們傾向責備其他事務令自己不快樂。我們會這樣想，我們未能完全幸福，是外在與周遭環境造成的，不是自己的問題。這樣的情況在所有修習的團體都會出現。如果我們看到了這個問題的癥結，那麼我們就能在我們所建立的團體中，讓每一位修習者都能覺知到，他們不快樂是因為不懂得保有自己的幸福，不懂得深入轉化痛苦、焦慮等等那些仍然存在於心識深處的深層痛苦。

這些痛苦可能來自童年時期的經歷，我們在童年時期曾經受到虐待；我們的痛苦也有可能來自父親和母親，他們在童年時曾經遭受不當的對待，他們的痛苦成為了我們的痛苦。即使我們對自己的痛苦只有模糊的感覺，我們也要修習接觸它，然後以智慧辨認它。如果我們需要受苦，我們會這樣說：「我將會受苦，因為我知道痛苦是這樣的。我會學習從痛苦中得益。」這就像吃苦瓜，我們不會害怕吃苦瓜，因為我們知道苦瓜對身體有益。

因此，當痛苦生起的時候，無論那是憤怒、沮喪、或者是你有所求而未能得到，留在那個感覺並歡迎它的來臨。即使這個痛苦沒有名字，你無法為它命名，但它確實是痛苦，因而做好準備，向它打個招呼，溫柔地擁抱它，然後與它共處。

當我們接受痛苦並做好準備承受痛苦，它就無法困擾我們了，我們將感到自己有能力與痛苦共處。如果能夠這樣，苦惱將為我們帶來好處，就如苦瓜有療癒功效一樣。我們容許痛苦在我們之內，接受它，也願意受一點苦讓自己能夠學習。如果不接受痛苦，不能溫柔地擁抱痛苦，我們不會知道它到底是什麼，也不會知道痛苦將會指引我們並帶來喜悅與幸福。沒有痛苦、沒有對痛苦的理解，不可能得到真正的幸福。

終止誤解

在越戰期間，有百萬人相信我是共產黨員，而其他的人相信我是中央情報局的人員。如果你身處這樣的境況，你可能會很苦惱，認為自己是誤解以及不公義的受害者。

你以為，只有當人們停止認為你是共產黨員或者是情報局人員的時候，你的痛苦才能止息。但你可以採取其他方式：接受這樣的境況。是的，有百萬人相信你是一名共產黨員，另外的百萬人相信你是情報局的支持者，但這只是他們看事情的方式。我既不是共產黨員也不是情報局人員，因而我並沒有苦惱的理由。只有活出我的生命，以我的行動、以我的言語，我才能向自己證明，我有善良的意圖——和平與和解的意圖。當我們能夠這樣做的時候，這種痛苦就不會困擾我們了。

痛苦由誤解、憤怒、憎恨及無明造成。如果依賴別人去消除痛苦的成因，可能需要等很久。我們應該更進一步，通過定力與洞察力觀察身邊的人，覺知到他們的痛苦源自他們的思維方式、行動方式以及說話方式。如果我們像他們一樣受苦，就不能幫到他們。因此，我們需要採取行動，轉化痛苦，孕育智慧與慈悲來幫助他們。有了這樣的態度、這樣的理解，我們就不會再受痛苦，因為我們已經擁有智慧與慈悲。智慧與慈悲只有通過修習才能獲得。

在佛陀的時代，佛陀也遇到同樣的困難與不公義。有一次，有人殺了一名舞孃，並在寺廟地下埋了她的屍體，然後通知官員。官員來到寺廟發現了屍體，隨之傳播謠言，說佛陀和僧人與這名舞孃有性關係，他們殺害了她並埋了她的屍體。這件事發生後的早上，當僧人穿上袈裟持缽到鎮裡化緣時，人們注視他們時的目光令他們非常難堪——那目光充滿懷疑與鄙視。這樣的情況持續了很多天。

這些僧人到佛陀那裡說：「親愛的老師，我們不能再到鎮裡化緣了。每一次我們到那裡去，人們就用那樣的眼神看著我們，我們承受了很大的痛苦。」佛陀回答：「重要的是你們沒有做這件事，你們並沒有做人們譴責你們所做的事情。你們很清楚自己一直堅守戒律。」

「這就是我們的修習。有一天，通過你的生活方式、通過你的修習方式，誤會將會消除。這個世界總有這樣的事情發生。如果你有理解與慈悲，你就不會痛苦。有一群人很嫉妒，他們嘗試製造狀況污蔑我們的聲譽。這些人一定是因妒嫉承受了很多痛苦才會做出這樣的事情，我們應該以慈悲對待他們。通過你們的修習，有一天你們將能幫助他們醒悟，知道他們所做的並未能困擾走在靈修道上的人。」聽了佛陀的教導，這些比丘僧人便不再苦惱。

幾個星期後，一位在家眾、同時也是佛陀的學生及贊助者「給孤獨長者」（Anāthapiṇḍada），花錢請人查清這件事情，他們發現了真正的罪犯。但這件事得到澄清之前，佛陀的僧團已為此事受了差不多一個月的苦。

因此，你是受一點苦、受很多苦，或者一點苦惱也沒有，由你自己掌控——視乎你是否有智慧、是否有慈悲，這完全視乎你自己。如果你需要受很多苦，那就讓自己受苦吧。溫柔地擁抱自己的痛苦，以你的整個心去體驗苦，再以你的定與洞見深入觀察，你由此得到慈悲與理解，你就不會憎恨那些嘗試令你受苦的人，你同時發願修習，希望能在將來幫助那些人。

如果你的痛苦是由你的父親或母親傳遞給你，不要責怪你的父親或母親。因為他們也許並沒機會接觸佛法，沒有機會接觸這項修習，他們的痛苦因此傳到了你那裡。如果你懂得修習，你將能夠幫助在你之內的父親和母親。你願意為他或她受苦。但這種受苦並不是負面的東西，你受苦是為了尋找出路。容許自己受一點苦，不要企圖逃離痛苦，這是美妙的修習。很多人小時候恨吃苦瓜，但當他們長大之後，他們愛上了喝苦瓜湯！

最困難的情況是我們知道痛苦存在，但不知道這個痛苦的性質。它很模糊，我們不知道怎樣稱呼它。痛苦真實地在我們之內，但我們未能以覺知的光照見它、辨認它。這是因為在我們內在有很多障礙、很多抗拒以及逃避的傾向，不想回到內心的「家」去辨認它。我們知道，這是藏識的「習氣」。每一次我們將要觸及痛苦的時候，我們就不想接觸它並逃離它。我們一直都在這樣做，因此我們沒有機會見到它、辨識它以及確認它。我們告訴自己，不會再這樣做了。無論痛苦什麼時候到來，都不再逃離它，反而是停下來歡迎它的來臨。通過觀照以及正念，我們將能確認痛苦，因為所有痛苦的糾結隨時嘗試顯現。我們無需回到從前去接觸它以及辨認它。只要停在當下，以警覺以及正念，痛苦就會以這樣或那樣的形式顯現。當我們辨識到痛苦顯現的跡象，就能夠確認它的本質。

佛教的禪修練習專注在當下時刻。我們不用返回過去，回到童年去接觸自己的痛苦以及痛苦的原因，我們只需要安住在當下並觀照，源自過去，甚至是過去世的痛苦就會顯現。其實，它整天都在顯現，我們可以由它的顯化確認它。

醒覺人

佛陀是人類中被稱為「醒覺人」（Homo Conscious）其中一個最美麗的例子。我們有直立人（Homo Eretus，距今一百八十萬至二十萬年前生活在非洲、歐洲和亞洲的古人類）、能人（Homo Habilis，據說是最早製造工具的人種）、智人（Homo Sapiens，現代人的學名）。現在我們有「醒覺人」這個詞。醒覺人是指覺醒、具有正念的人類。這個詞語其他人已經用了，並非是我所創。

當人類意識到：「我將會生病、我將會老、我將會死……」這樣的意識帶來焦慮、恐懼以及苦惱，並引致身體的不適。人們猜想其他的物種是否比人類少一些覺知，不會因為擔憂未來而受苦。由於有這樣的苦惱，我們會問一些哲學的問題，例如：我是誰？什麼事情將發生在我身上？過去我是否存在？如果是，我曾經是什麼動物？未來我會否存在？如果是，我將會是什麼動物？這些問題來自苦惱，它們引致很多疾病以及不美滿的人生。其他問題如：我的父母想要有我嗎？我的出生是意外嗎？有人愛我嗎？這些問題也來自這種苦惱，這樣的思緒也是建基於此。

但具備覺知的能力，成為有正念的人，正是拯救人類所需要的。這樣的覺察幫助我們明白，地球的環境屬於所有的物種，並覺知到人類正在破壞環境。當人們覺知到痛苦來自政治壓迫、來自社會的不公平，當人們真正能夠覺察到這些事情，他們將能夠停止自己正在做的，同時幫助其他人停止，然後一起走向另外一個方向——不會毀滅我們的星球的方向。我們的覺知帶來焦慮與苦惱，但如果我們懂得運用覺知以及正念，就能夠明瞭自己身處的環境，明白自己應該做什麼，不應該做什麼，以獲得轉化，帶來和平、幸福以及具有未來的人生。

禪坐並非是為了在未來獲得一些開悟的境界。當我們坐下，我們有機會全然與自己同在。坐在坐墊上，我們以全然活著的方式呼吸，完全安住在當下，在此時此地。

有靜坐的時間、有步行的時間、有刷牙的時間，當你清洗手上的肥皂時也有時間享受流動中的水——這就是文明。

當我們進食的時候，我們應該讓悠閒、自在以及幸福同在，因為一起進食確實是深度的修習。正如呼吸、靜坐、步行以及工作，你用與你的祖先一起共餐的方式進食。你的父親與你一起進食，你的祖父以及祖母與你一起進食。自在地坐著，如一個沒有困難、沒有憂慮的人。佛陀教導我們，當我們進食的時候，不要容許自己在思緒與交談中迷失。我們應該安住在當下，深深地連接到食物以及在我們周圍的僧團。這樣進食，我們會感到快樂、自在，我們的內在會有平安，在我們之內的每一位祖先與後代都會因而受惠。

菩提心

菩提心（bodhicitta）是覺悟的心，是初學者的心（初心）。為了幫助在我們周圍受苦的人，我們發願修習與轉化自己的痛苦——此刻的心非常美麗。這是菩薩的心——獲得解脫並立願幫助眾生的人的心。有時我們稱之為愛心，因為我們為愛修習。我們不是僅僅嘗試遠離痛苦，我們想得到更多：希望轉化自己的痛苦，得到解脫並幫助更多人轉化痛苦。作為僧人、女尼以及在家的修習者，我們應該保持初心的活力，因為這是能量的強大來源，我們能夠得到它的滋養。有了這種能量的來源，我們能夠深入修習戒律；我們將會有足夠的能量應對及克服修習道上的困難。滋養愛心、保存初心、滋養菩提心是非常重要的修習，不要讓它在兩三年後凋謝。

我保持了初心很久，享受著保持初心的幸福——這不是說我在修習的道上沒有遇過阻礙，事實是，我經歷過很多障礙，但我沒有放棄，因為在我之內有菩提心、有初心，它們總是非常強大。你必須清楚明白，只要初心仍然在你之內，只要它還有力量，你就不用擔心。即使在修習道上遭遇很多困難，你將能夠一一克服它們。但當你感覺到在你之內的初心開始變弱，你要知道這是很大的危機，因為當你的菩提心、你的初心無力的時候，任何事情都會發生。所以不要讓初心轉弱。滋養你的初心，在你的一生堅持做一位菩薩，你將成為幸福的人，能夠為很多人帶來快樂和幸福。

第二部

§

療癒故事

1○小眼睛

Lillian Alnev

只要提到我那些漫長的心理創傷的經歷，就會令我感到羞恥畏縮。我將這些記憶列在一張紙上，這張清單同樣讓我覺得丟臉。這張清單實在是太長又太令人害怕了，簡直就不像是真的，然而清單所列的似乎又讓人覺得都是些瑣事。人們告訴我，這就是倖存者的罪疚感。我可能需要一輩子，為放下對自己的挑剔與批評而努力。

一些侵犯過我的人，如果他們對我所做的事情曝光，他們將會被判為重犯。我也曾目睹很多同樣的侮辱在其他人身上發生。但最令我傷心的童年記憶是一件很微不足道的事情，這是我用來開始治療的最好實例。

我成長的環境很破舊，在那裡的每樣東西都很快就鏽掉了。但北美五大湖的流域在每個季節都是那麼美，對一個喜歡做手工藝的小孩子而言，那裡極端的氣候讓每家的院子都變成了自然的勞作箱子，裡面滿是木頭、石子、顏料以及裝飾品。

我用所有的閒暇在我家外面造出了一個迷你社區，那裡沒有學校、沒有賣酒的店、沒有教堂或者監獄。我建立一個烏托邦，那裡不歡迎所有令我苦惱的人。我用茅草蓋木屋、用卵石蓋石屋，我在冰磧地上築路，再儲存雨水形成池子和運河。我不斷地蓋房子，一個微型小鎮就這麼擴建起來了。那裡還有個農場，裡面有巨大的白蘿蔔和紅蘿蔔，種子是從家裡的菜園拔來的。

我最愛的農場動物玩具及恐龍玩具都搬進了這裡的屋子，這裡好像變成了一個社區。由於我一年到頭都在進行這個迷你的土木工程計畫，我漸漸有了視覺上的錯覺——從大約十寸的高度看整個世界。我的「小眼睛」很快樂，我感到自己受到保護。

一個冬日的星期天早晨，我很早就醒來並穿好衣服，興奮地期待去看看自己的小鎮被白雪鋪蓋的景象。當我走到我家後門的防風林的時候，我看到雪地裡有一排黑色鞋印，從我家的前門通向我的這個小村莊裡。

這是厚底的鞋子留下的腳印，不是我們在冬天裡慣常穿的胎紋膠鞋。我的第一個念頭是，在雪地上穿著這種學生鞋的人真是夠受罪了。這個鞋印接著讓我受到打擊，我記得並沒有看到離開的鞋印足跡，那位到訪者和我的「村莊」及「動物」都像是在空中飄逝了。我尖叫著跑回家中，其實是藉此指責父親摧毀了我的小小世界，只為了一種莫名其妙的懲罰。

那次到底發生了什麼事至今仍然沒有解答。我曾經歷其他的暴力及殘酷的行為，但沒人真正從我這裡偷走東西。但那一次，有人偷了我的動物、我的創作，也一起偷走了我的「小眼睛」。我變得不再相信這塊土地。我的藝術創作變得拙劣，也越來越少。

但很幸運我還活著，我很感恩有靈性的修習。我持續在一個團體裡禪修，因為「逢佛殺佛」*的教導給了我安慰。這個來自禪宗的教導提醒我，質疑表相是生存的要素。

當我的僧團籌備一個名為「療癒內在小孩」的禪修營時，我內在極端的批評聲音發火了。所謂的「內在幫手」這個行當——「我的內在瘦弱者」、「我的內在天才」、

「我的內在法國主廚」，啟動了我「內在苛刻的反叛者」。那個禪修營專為童年時曾經受過創傷的人而設，其實我非常害怕，但最終還是報名參加並參與其中的修習。我甚至開始寫信給幼年的自己：「你好，小孩。我知道你不喜歡自己的名字，那我應該怎樣稱呼你呢？」就這樣開始，我寫了很久，但我一直不夠投入，直到我留意到寫信的語氣轉變了——是那個小孩在寫信給我。最初我只是哭，然後我開始聆聽，最後我走了出去，去做內在小孩要我做的事。

我走到河岸邊，撿起一些石頭，感覺到它們光滑而冰涼，那感覺很舒服。我開始在沙地上佈置了起來。一段時間後，鐘聲呼喚我們該用餐了，打斷了我的專注。我拍

※譯注：臨濟宗義玄禪師：「道流。爾欲得如法見解。但莫受人惑。向裡向外。逢著便殺。逢佛殺佛。逢祖殺祖。逢羅漢殺羅漢。逢父母殺父母。逢親眷殺親眷。始得解脫。不與物拘。透脫自在。」（摘自《臨濟錄》）這句話的意思是要學習擺脫權威的束縛，體驗究竟的實相。（參見一行禪師著作《見佛殺佛》，橡樹林出版，六十五頁）

拍手上的砂礫，看著自己所做的東西：一張小石桌上擺放著兩隻石碟子，上面放著從河岸的一棵樹上拾來的種子。兩張石凳子放在石桌的兩旁，那座位面對著河流，景色非常優美。

第二天早上，我走到那條小河邊。小餐桌的佈置仍然在，在潮濕的沙裡，我可以看到有小鳥、鹿以及好幾隻不同的小動物的腳印，牠們都曾小心地圍繞這張石桌子而行。石碟上的種子不見了。

那天下午我再次回到那裡。冰冷的河流換了流動的方向，整個灰色的河岸顯得清新、平靜而且空靈。此時我知道，我沒有東西會被偷走。在返回禪修室的途中，我發現在離地面約一尺的高度，我所看到的一切都顯得栩栩如生。我終於體驗到悲傷，我的「小眼睛」回來了。

○2 我可以幫什麼忙？

Joanne Friday

我的母親曾經重病了差不多一年，在那段期間，她八次入院。那時，她住在療養院，我曾和父親一起到那裡探望她。我的父親是第二次世界大戰退伍軍人，他善於控制環境以及製造一些條件，讓不好的事情不會發生。他是一個非常一絲不苟的人，讓一切井然有條對他而言非常重要。他做好每一件事情，也把我母親照顧得非常周到。但現在她正在走向死亡，那是父親無法控制的，這令他難以面對。當有事情難以控制時，他先是努力嘗試控制，然後開始不耐煩、煩躁及憤怒。這是他的習氣。

有一次，當我們坐在母親療養院的房間時，他對母親感到煩躁與憤怒，他顯得非常不耐煩。我坐在那裡，感到一陣狂怒在我內在生起。以我過去的習慣，我會對父親說：「算了吧你，她根本無法控制。」這一次，我選擇停止這樣做，然後呼吸，我知道我需要離開這間房間。因為我說些什麼，或做些什麼，都會對自己和我的家人造成痛苦。所以我說：「我出去走走。」我走到外面的停車場，在那裡練習行禪。

我接觸到自己的呼吸，幾分鐘之後，我就平靜下來了。然後我邀請內在的憤怒生起，與它一起呼吸，並深入觀察它，希望藉此瞭解它。當時的感覺帶領我回到過去。我明白自己對父親的強烈反應來自我三歲的時候，父親用同樣的暴怒、同樣的不耐煩對待我，父親的行為嚴重傷害了三歲的小孩，導致現在的她有這樣強烈的反應。

我看顧這個三歲的小孩，擁抱她，跟她講她需要聽的話。我告訴她，她的父親的焦躁以及憤怒不關她的事。我告訴她，因為她只有三歲，因而不懂得不將父親的行為歸咎於自己，其實一切來自父親自己的不快樂。他對每個人都是這樣子，並不是僅僅對她這樣。有了這樣的領悟，我對自己和父親只剩下了慈悲的感受。這是我對老師（一行禪師）的教導的直接體會：正念帶來專注，專注帶來領悟，領悟帶來理解，理解帶來慈悲。

不同的人對這個修習會有不同的反應，大多數的人都在逃離令自己恐懼一生的感受。但只要停下來，呼吸、擁抱內在的感受，我們就已經進入了開始轉化的過程，同時擴展自己無畏的能力。在我的個案裡，憤怒帶領我回到三歲時所曾經經歷的和現在同樣的感受。產生這樣的感受的時候，我知道內在有些東西轉化了，我明白我已經準備好返回房間與父母同在。

當我剛才離開母親的房間時，我視父親如怪物，但當我回去的時候，我望著父親，看到的是他的痛苦，那痛苦強烈得令人難以承受。我看到，他是多麼恐懼。我對他的感受隨之轉化為慈悲，沒有其他，只是慈悲，而我唯一對父親說的話是：「你正經歷困難的時刻，我很難過。我可以幫什麼忙嗎？」

我非常清楚，如果我沉溺於自己的痛苦，就看不到其他人的痛苦，就難以有清明的心。如果不處理強烈的情緒，我只有自以為是的想法。我可能會告訴自己，我是一位好女兒，我關心母親，我相信自己本來想對父親說要他停止向母親發火，這是出於對母親的愛護。如果我當時這樣做了，那就是在我之內的父親在運作，以批評與判斷作出反應。父親聽了我的話之後可能變得更加挑剔，對母親的態度會更差。

我修習了很長時間，懂得什麼是適當的話以及怎樣說出來。我可以在一開始就停止批評他，而不離開母親的房間。但我或許仍然帶著憤怒的感受，如果我沒有走出去迴避一下，而當場講出我認為正面和適當的話，但我的語調、我的面部表情或者是身體語言，可能也會令父親感到受指責。

我領悟到，正念的言語不僅僅是選擇適當的句子，最重要的是轉化自己內在的恨意。當我深入觀察，接觸到內在的理解的素質，我對自己以及令我苦惱的人充滿了慈悲。當我轉化內在的痛苦，我對自己與對方沒有恨，只有理解與愛。之後，我說話的用語不再是重要的因素，對方自然會感受到愛。人們非常清楚什麼時候他們被愛、什麼時候沒有愛。

我發現，隨著修習的經驗增加，雖然我還經歷強烈的情緒，但負面情緒的強烈程度逐步減弱。憤怒來臨的時候，我會說：「你好，憤怒！我的小朋友，你又回來了。」

那強烈的感受隨之消逝。當我照顧內在受傷的小孩時，受傷的感受還在，但我與他的關係在轉化，我對世界的認知、我與別人的關係同樣在轉化。正念的奇蹟在顯現！

3 ○ 真正的我

Glen Schneider

一天下午，我想起已經破滅、失敗，但在生命中很重要的一段友誼，以及自己在這段感情中受傷的感覺。我思量著是否要打個電話給對方，看看是否有什麼契機讓我們解決以前的問題，然後和好如初。我在腦海中演練著她可能會說些什麼，我又該如何回應，接著我注意到腹部有個部位很難受，我知道那是被拒絕的心結。我想，好吧，反正這個下午我有的是時間，也沒人在家，何不「偵查」一下這個令我難受的能量到底是什麼？

我坐在沙發上，專注地留意腹部的難受感覺，我隨之聽到，在左後腦有很清楚的、尖銳的「啪！啪！啪！」的聲響。我很快知道，這是父親的皮帶打在我赤裸的屁股上的聲音，那年我約六歲，被鞭打的時候我嚎啕大哭，哀號與求饒了很長時間。幼小的我只能求饒：「請不要打我，我會乖乖的。」當時，我媽媽站在廚房，望著父親，是她叫父親打我的。我真實地感受到當年被鞭打的滋味。我懷疑自己是不是精神病發了，但是在這過程中我感受到療癒之效。我讓這個能量在我的身體進進出出。隨著逐漸平靜下來，我的腦中像有一條黑色的隧道拉我進去。我非常害怕，我想：「啊，現在可能會回憶到一些我已經忘記的受虐待的片段。」但是我還是決定進去……

……當時我還是個小男孩，待在我們家的鷄場裡，我將手伸進一隻坐在鷄窩的鷄屁股裡，感受牠的溫暖以及在牠下面的光滑及溫暖的雞蛋。當我還是小孩子時，我們一家人住在郊外，養了五十隻鷄。家裡以賣鷄蛋增加收入，照顧母鷄是我的工作。觸摸鷄屁股是我人生中其中一個美妙的、令我快樂以及肯定生命的感受。我環顧四周，看到用來餵養鷄隻的牡蠣殼鋒利的波紋切邊。為了防止浣熊以及狐狸跑進來，雞場每晚都要關門，我能夠清楚看到那道門的細節。我還看到雞場外的果園種著盛開的黃色芥末。大約有十分鐘，我有一種幻覺——猶如身處天堂——我接觸到童年時期歡喜的感受、美麗的景色以及味道。那些色彩非常亮麗，所有的形像光亮明快，令我目瞪口呆。隨後，美好的時刻完結，幼年的我返回現在身處的家中，有一個聲音在我的腦中響起：「是他們將那些東西放到你之內。」

有一位僧團的姐妹，她專業處理受困、受壓迫的童年困擾，在她的幫助下，我開始明白「是他們將那些東西放到你之內」的意思是說，是其他人造成我的創傷。那些不好的事情已經發生了，但它不是真正的我。真正的我是一名喜愛自己成長環境的景致、色彩以及形狀。別人放進我之內的、令人難以忍受的能量，像一道鐵門關閉了我的記憶。

我覺得很幸運能夠釋放創傷性能量。我希望那次回到童年的練習釋放了自己的所有痛苦，但事實並非如此。療癒創傷需要多次返回當時的情景，每一次面對以前受傷害的經歷，都能幫助減弱創傷的能量。每一次進行這樣的練習，我就有一種開始做家務的感覺：「啊，又到了清理的時間了。」我相信經過一段時間努力，所有的心結都可以解開。

我認為，受傷害的部份就是滋養愛的部份，受傷害的經歷可以成為我們的力量。雖然它會躲在苦惱與痛苦之下，但我們內在還是有一部份能夠從存在於這個世界的美麗與溫柔獲得幸福快樂，然後放開心懷看顧世間的美，並與別人分享。這是我的經驗。

4 與友人同坐

Elmar Vogt

二〇〇六年六月，我在梅村參加為期三個星期的禪修營，在期間我幾乎每天都身體不適：腹部劇痛，很多時間我都躺在床上；我還腹瀉，不能吃太多。身邊的人，包括出家人、在家眾以及我的室友都盡力幫助我。

其中有一位室友和我特別親近。他帶了六角形手風琴來到禪修營，那是像有按鈕的迷你手風琴。我們發現大家都愛唱歌，有一天，他坐在田野唱著美國民謠，我走近他，在夕陽映照下，我們一起唱歌，歌聲非常和諧。從那天起，只要我們有時間就會一起唱歌。共同的愛好讓我們建立了信賴，自然地成為了朋友。

在禪修營最後幾天的一個早上，當那名室友吃完早餐回到房間，我還在床上。他坐到我的床邊，問我感覺怎樣，隨後問我是否希望透過冥想探索腹部裡的可怕感覺。我說好，他就開始唱了幾首歌，然後邀請鐘聲，並引導我專注腹部的感覺，放下所有思緒，接受任何在腦海浮現的東西。

大約過了一分鐘，我回到自己還是一名小男孩的時期。我躲在家裡的地下室，身後是家裡放煤炭的地方。我對著我外婆大喊，要她離開我們家。自從她的丈夫——我從沒見過面的外公，在史達林格勒戰役（1942-1943）的東線戰事中失蹤後，我的外婆一直住在我家。我出生前她就已經在我家了。當我還是個小孩子的時候，我已經感覺到外婆令家裡有一種緊張，那種緊張毒害著家人。在這次冥想中，我要求父親帶我離開那裡。進行冥想一分鐘至二分鐘後，眼淚從我的眼角流下，我的室友留意到了，他輕拍我的手臂說：「沒問題，讓情緒出來吧。」我終於崩潰，哭泣和嗚咽了很長時間，可能有二十分鐘，那非常具有療癒功效。

當我平靜下來後，我的腹部舒服了很多。然後我們談到我的成長、我的父母以及我們的女兒（我們都有一名二十多歲的女兒）。我們一起吃午餐，然後我教他唱一首德國的民謠〈Bunt sind schon die Walder〉，那是一首關於秋天的歌曲，描述在秋天時樹葉與田野的色彩。

我依然感到腹部的緊張，但那感覺與冥想之前已經不同了。我體會到這是小男孩在母親的子宮裡感受不到安全的悲傷。我還看到父親在我之內。父親在二歲的時候，他的父母把他交給了他阿姨，他從不知道原因，也從來沒有真正的家。我的母親年幼時就失去了父親，當她失去父親的時候，她甚至不能哭泣，因為她的父親只是失蹤了，不知道還會不會回來。為了養活兩個孩子，我的外婆需要非常辛勞地工作。她非常愛她的丈夫，但他並沒有回家。她的丈夫和我的父親一樣，也是未能在父母身邊長大。有一天，外婆與我分享，她的丈夫曾經跟她說：「我在我們結婚後生活在一起，才知道家是什麼。」但他最後一直沒有回家，非常可悲。

回想起在梅村禪修營情緒崩潰的經歷，現在我仍然感到腹部有些痛楚與緊張，我覺知到這不單屬於我個人，這是我的家族好幾代人的痛苦，也是德國人民的歷史。

一個人在一生中可能很難轉化這麼多痛苦，我嘗試做的是，接觸內在受傷的小男孩，聆聽他和他說話，並邀請他來到當下，向他展示生命的美妙。

第三部

§

療癒練習

練習1○移除心的對象

Buckeye 共修團

臨濟祖師是梅村傳承的始祖，是第九世紀中國偉大的禪師。他很喜歡教導弟子「移除對象」。這個「對象」指的是一些故事，是我們相即的人或者某些情景。我們的修習就是要移走這些「對象」，返回自己的身體與感受，覺察內在的能量。放下思量，然後隨著這能量返回自己的身體與感受，這樣我們能夠發現自己的心結，溫柔地擁抱它們，讓內在的緊張自然地舒緩和釋放，我們因而得到療癒。這有點像學習踩單車。你坐在單車上，開始的時候，需要別人幫你推一下，但到了某個時候，你知道自己會踩單車了：「我懂了，我懂了！」

「移除對象」的禪修是這樣的：

1 吸氣，我覺察自己的入息；呼氣，我覺察自己的出息。
2 吸氣，我憶及一件令我激動的事情（對象）；呼氣，我對這件事保持開放。
3 吸氣，我放下對這件事（對象）的思量；呼氣，我擁抱身體之內的能量。
4 吸氣，我覺察自己的身體與感受；呼氣，我溫柔地擁抱身體與感受。
5 吸氣，我將入息送到身體與感受；呼氣，我釋放身體與感受之內的緊張。
6 吸氣，我覺察自己的入息；呼氣，我覺察自己的出息。

有時候，存在於身體與感受之內的能量令人難以理解、難以承受。在這樣的情況下，我們可以用一點時間，二十秒至一分鐘左右，閉上眼睛嘗試觸及這個難熬的感受或情景，然後睜開眼睛，用幾分鐘把注意力投放到外在的事物——譬如望向窗外的自然風景。當我們準備好了，我們可以再次接觸之前那個感受，重複數次。這樣交替投放注意力，可以給與自己外在的安全基礎，也給與自己內在更多的空間。

練習2◎十六項呼吸練習

正念呼吸的教導直接來自佛陀。修習十六項正念呼吸可以照顧我們的身體、感受、心念（心行）以及心的對象（我們的認知）。

這些教導對我們的日常修習很有幫助，也能幫助我們處理痛苦的感受。每當我們感到痛苦、覺得無法忍受、不知道怎麼辦的時候，這十六項練習就可以幫到忙了。

第一組四項練習：觀身如身

第一項練習是辨識入息（吸氣）是入息，以及出息（呼氣）是出息：

吸氣，我知道我正在吸氣，

呼氣，我知道我正在呼氣。

這項練習非常簡單，但效益很大。當你專注你的入息並辨識它，你自然地釋放了過去和未來，返回了當下。你開始凝聚正念的能量以及定，獲得了一定程度的自由。

第二項練習是隨息，跟隨出入息的整個過程：

吸氣，我跟隨我的入息，由開始到結束。

呼氣，我跟隨我的出息，由開始到結束。

我們在出入息的整個過程保持自己的正念與專注力。我們不說：「吸氣，啊，我忘記了關門……」修習的時候不受干擾，你的專注力就會增加。這個修習是要覺察呼吸的整個過程。

十六項呼吸練習的某些版本提及要辨識呼吸的長短：「吸氣，我知道自己的入息是長或是短。」我們不需要花力氣令呼吸變長或變短，讓呼吸自然，我們只是要覺察呼吸。它變得深長、和諧、更平靜，都是由它自己。呼吸的品質來自我們的專注。

第三項練習將我們的心帶返身體，讓身心連接在一起：

吸氣，我覺察自己的整個身體，
呼氣，我覺察自己的整個身體。

在日常生活中經常發生這樣的情況：我們的身體在這裡，但我們的心卻在其他地方。我們的心可能陷於過去、未來、我們的計畫、憤怒以及憂慮。你在這裡，但你又不在這裡，你並沒有為自己或他人而真正存在。這項修習要我們回到自己的呼吸。

呼吸是連接身與心的橋樑。在我們開始注意自己呼吸的那一刻，我們的身心自然地連接在一起了，我們稱之為「身心合一」，我們的呼吸會變得平靜，身體與感受都受益。這是安詳的修習，我們安住在此時此地、全然存在、充滿活力，我們觸及生命的美妙。只是如此簡單的練習就可以帶來奇蹟——在每一刻活得更加深刻的能力。

我們返回身體，從而覺察它的存在並照顧它。我們可能曾經忽略或是沒有善待自己的身體。修習這項練習的時候，我們用正念擁抱自己的身體，覺察身體之內任何需要我們關注的東西。我們可能發現，長期以來我們在身體內累積了緊張、痛楚與壓力。

第四項練習是釋放身體的緊張：

吸氣，我令身體平靜安詳。

呼氣，我令身體平靜安詳。

我們可以在坐著、走路或者是躺著的時候釋放緊張：「吸氣，我覺察到自己的整個身體。呼氣，我令身體平靜安詳。」我們可能已經學過深度放鬆的技巧，可以成功地放鬆到一定的程度，但真正釋放緊張的基本練習是釋放過去與未來，返回當下，享受活著並具有足夠的條件幸福快樂這個事實。請在這方面反思。

我們需要掌握這四個練習，這是我們需要做到的最低要求。專注於自己的呼吸是為了返回自己的「家」，孕育我們真正存在的能量，有了這種能量，我們能夠擁抱自己的身體，為身體帶來平靜與安詳。深度放鬆身體可以令心放鬆，如果我們不能放鬆身體，也將難以放鬆我們的心。

第二組四項練習：觀受如受

在這四項練習我們進入感受的領域。在前面的練習，我們已經能夠令身體放鬆與平靜，現在可以回到感受並給與幫助。

第五項練習是培養喜悅的能量：

吸氣，我感到喜悅。
呼氣，我感到喜悅。

作為修習者，你有能力在當下為自己帶來喜悅的感受。當你越來越有正念與專注力的時候，喜悅與快樂就會相應增加。

想得到喜悅，「放下」是很重要的修習。我們需要放下一些東西以得到喜悅。我們常常以為需要追逐以及爭取外在東西才能夠喜悅，但如果我們懂得辨識自己內在的障礙並將它們放下，喜悅的感受會自然隨之出現。

第六項練習帶來幸福的感受：

吸氣，我感到幸福。

呼氣，我感到幸福。

只是修習這些練習就能夠帶來幸福。正念與釋放緊張是幸福的來源。正念幫助我們覺知自己內在已經存在的許多幸福的條件，因此，要得到喜悅與幸福的感受非常容易，我們可以隨時隨地做到。

在禪的傳統裡，禪修被視為滋養品。在禪的著作中有這樣的說法：「禪悅為食」。你可以用禪修療癒與滋養自己。

第七項練習是處理內在顯現的痛苦感受與情緒：

吸氣，我覺察自己的心行（心理活動）。

呼氣，我覺察自己的心行。

這項練習幫助我們學習如何處理內在痛苦、悲傷、恐懼以及憤怒的能量。我們修習正念呼吸、正念步行以滋養正念與正定的能量。有了正念與正定的能量，我們就能夠辨識與擁抱內在痛苦的感受。我們不應該掩蓋痛苦，而是要照顧它。忽略或是壓抑痛苦是對自己施行暴力。正念是自己，痛苦的感受同樣是我們自己，這並沒有衝突，這是非二元的見解。

當我們逃避自心的「家」，我們是在容許痛苦壯大。佛陀的教導是：返回「家」，照顧痛苦的感受。這需要一些正念與專注（定）才能做到。我們應該孕育正念與專注令自己更強壯，不會被痛苦與悲傷淹沒。有了正念與定的能量，我們可以充滿信心地返回自心的家園，並辨認出痛苦的感受：「吸氣，我辨識內在的痛苦。呼氣，我擁抱內在痛苦的感受。」這是真正的修習。一名修習者應該能夠辨識自己的痛苦，能夠溫柔地擁抱它，如擁抱嬰兒一般。有時候，特別是開始的階段，可能會有一些困難，那時，我們需要僧團的集體能量的幫助。

第八項練習是釋放緊張的感受：

吸氣，我令自己的心行（心理活動）平靜。
呼氣，我令自己的心行平靜。

在第七與第八項練習裡，我們以正念擁抱痛苦並得到舒緩。就如覺察身體的修習一樣，我們回到自己的感受，確認這個感受並溫柔地擁抱它：「吸氣，我覺察內在的痛苦感受。呼氣，我令自己的痛苦感受平靜下來。」

透過持續修習正念呼吸與步行，我們能夠安撫和擁抱痛苦的感受。接著通過修習深入觀察，我們能夠發現自己煩惱的本質並獲得解脫的洞見。通過持續修習，僅僅是以正念擁抱自己的感受，溫柔地擁抱感受，我們已經能夠得到一定程度的舒緩。

第三組四項練習：觀心如心

第九項練習涉及的是其他的心行（心理活動）：

感受只是心行的其中一個領域。「行」（samskara）是一個術語，意思是指每一樣顯現的事物都是由很多不同的要素組合而成。心行有善與不善的種類。

第九項練習是要我們覺察自己的心以及辨識心的狀態，就像在第三項練習覺察身體以及第七項練習覺察感受一樣。

吸氣，我覺察自己的心行（心理活動）。
呼氣，我覺察自己的心行。

我們覺察所有顯現的心理活動。「覺察心行，我吸氣。」心是河流，每個心行是裡面的一滴水。我們坐在河岸觀察每個心行的顯現與消逝，不需要反抗、執取或是推開它們。我們要做的只是冷靜地辨識它們，無論是令人愉悅的或是令人難受的，我們都向它們微笑。當憤怒顯現，我們說：「吸氣，我知道憤怒在我之內。」當疑慮的心行顯現，我們吸氣，確認存在於我們之內的疑慮。修習者是一位觀察者，他需要正念與定以辨識心行。過了一段時期之後，他會懂得深觀心行的本質。

第十項練習是令心歡喜：

吸氣，我令自己的心快樂。
呼氣，我令自己的心快樂。

我們令心歡喜，是為了加強心力以及給與勇氣與生命力。當我們令心喜悅以及更具生命力的時候，它會給與我們力量去擁抱以及深觀在將來出現的困難。

如果我們知道心是如何運作，就很容易掌握第十項練習。我們還可以通過修習正精進的四項練習覺察自己的心，同時給與負面的「種子」休息的機會。

第一項正精進的練習是讓負面的種子在藏識沉睡，不給它顯現的機會。如果它們有太多顯現的機會，它們的基礎就會壯大；第二項修習是當負面種子顯現的時候，我們幫助它盡快返回藏識，如果它們顯現的時間長了，我們會受苦，它們的基礎因而強大；第三項修習是以正面的心行替代負面的心行，我們轉移注意力到正面的心行上，這叫「改木樁」。當連接兩片木的木樁腐爛了，木匠就會將新的木樁打入那個洞，同時取出那個舊的木樁；第四項的修習是當一個善的心行顯現，我們盡可能讓它顯現著，越久越好。就好像有一位好朋友來探望我們，他的到訪讓家裡充滿了歡樂，這樣的朋友，我們會想盡辦法留他多住幾天。

我們也可以幫助其他人轉變心行。當某個人內在顯現黑色的念頭、憤怒或者是恐懼，我們可以修習灌溉他內在的善的種子，讓他正面的種子顯現以取代負面的心行。我們稱這個修習為「選擇性灌溉」。我們可以在每一天接觸善的種子，並多次灌溉。

第十一項練習是集中心念以獲得洞見：

吸氣，我集中我的心念。

呼氣，我集中我的心念。

「定」具有消除煩惱的力量，就像用一塊鏡片集中陽光去燃燒一張紙。當定「燒毀」煩惱時，洞見隨之生起。佛陀給與我們很多教導幫助我們孕育洞見。無常、無我以及空，都是我們可以在日常生活中修習的定。例如，在一天內我們接觸任何事物，無論是一位朋友、一朵花、一片雲，我們都可以集中心念觀察它的無常、相互依存等本質。

第十二項練習是解放自己的心：

吸氣，我解放我的心。

呼氣，我解放我的心。

我們需要定的力量來切斷煩惱——悲傷、恐懼、憤怒以及歧視——這些都是捆綁以及約束心的心理活動。

關於無常的教導雖然只是一個概念，但它可以幫助我們生起無常的洞見。火柴帶來火，當火生起，火就會燒毀那根火柴。我們需要無常的洞見令我們自由，當洞見生起，它就會「燒毀」那概念。

我們修習無常的定以獲得關於無常的洞見。無論是坐著、行走、呼吸以及做其他事情的時候，我們都專注於無常的本質。定（samadhi）的意思是保持覺察，剎那接著剎那，越久越好。只有定能夠帶來令我們自由的洞見。

當我們與人爭吵，我們感到痛苦，我們的心不自在。關於無常的定能夠幫助雙方從憤怒中解脫。「吸氣，我想像我心愛的人三百年後的樣貌。」只需要一個入息就能夠接觸無常的真諦。「吸氣，我知道我還活著，他也仍然活著。」當我們張開眼睛，我們唯一想做的事情就是擁抱對方入懷。「吸氣，我知道你還活著，我很快樂。」這是無常的洞見帶來的解脫。

如果我們獲得無常的洞見，我們將能夠善巧地與對方和解。任何能夠令他在今天感到幸福的事，我們都願意做，我們不會等到明天，因為明天可能太遲。當有人過世了，有些人哭得特別厲害，因為他們知道，當死者還活著的時候，他們並沒有好好對待他。這些人沒有無常的洞見，罪疚感令他們痛哭。無常是我們修習的其中一個定。

第四組四項練習：觀法如法（觀察心的對象）

這一組練習是關於心的對象。在佛教中，這個世界以及所有一切現象都被視為心的對象，而不是客觀的實相。我們常常陷於一個概念，認為我們內在有一個心識，嘗試了解外在的一個客觀的世界，這影響了我們的認知。但根據相即（相互依存）的智慧，主體與對象並不能獨立存在。當我們覺知什麼，被覺知的對象總是與覺知者同時顯現。覺知總是指覺知了某些東西。

第十三項練習是觀照無常：

吸氣，我觀照萬法的無常本質。

呼氣，我觀照萬法的無常本質。

我們接受並認同，所有事物都是無常的，但我們仍然活得、表現得如同我們將永遠在此，將永遠保持現在這個樣子。事實上，每一樣東西都在瞬間轉變。當我們跟某人在一起的時候，我們可能還在想著的是二十年前的這個人，而未能接觸到當下的這個人，但其實此人的思想與感受已經不同了。我們未能真正地接觸到無常的真諦，因而需要以無常作為禪修的對象。無常的定帶來無常的洞見，能夠為我們帶來解脫。

無常只是其中一種定。深觀無常，我們發現無我、空以及相即（相互依存），無常代表了所有的定。吸氣，我們保持無常的定，呼氣，我們保持無常的定，我們如此修習直到我們進入實相的心臟。我們觀察的對象可以是一朵花、小石頭、我們愛的人、恨的人、可以是自己、也可以是自己的痛苦、悲傷……每一樣東西都可以成為我們冥想的對象，讓我們觸及在它之內無常的本質。

第十四項練習是觀照無欲求：

吸氣，我觀察欲望的止息。
呼氣，我觀察欲望的止息。

這個練習是要幫助末那識，它一直追尋享樂而忽略渴求享樂的危險。觀照無常能夠轉化末那識。我們深入觀察自己渴求的對象的本質，我們所渴求的對象可能會損害我們的身心。覺察自己渴求的事物，覺察自己所消費的東西是非常重要的修習。

佛陀給與我們關於四種「食糧」的教導——四個我們每天吸取的「食物」的來源。第一種「食糧」來源是意志——我們最深層的欲望，它為我們帶來生存的活力。我們需要深入觀察自己所欲求的東西的本質，了解它是善還是不善。我們的欲望可能是追求享樂，這很危險；我們的欲望也可能是要報仇，要懲罰某人。這些不善的欲求來自很多錯誤的認知，我們需要深觀以辨識那些由恐懼、懷疑以及憤怒等衍生的欲望。

悉達多也是受到一種欲望的啟發——他的抱負。他在自己的國家看到苦難，他明白政治的力量無法消除痛苦，他必須尋找其他方法開拓新的道路——轉化自己，幫助其他人轉化。我們稱這種欲望為開悟的心、初心。我們需要有很強的願力以維持初心，初心給與我們力量與能量持續修習。

心識是第二種「食糧」，這指的是我們的集體意識、集體能量。團體的每個個體傾向於孕育同樣的能量。當我們一起修習正念、定以及慈悲，就是在共同孕育善的能量，這非常的滋養且具療癒作用，因此建立僧團對這個世界而言具有療癒作用。如果我們與一班充滿憤怒的人在一起，他們的負面能量會進入我們之內。初時，我們可能還能保持與他們不同，但相處久了，漸漸地，那個團體的能量滲入我們的身心，不知不覺我們會在某一個程度與他們相像。因此，知道自己是否處於一個良好的環境非常重要。為了自己，為了孩子，我們需要有一個安全的環境，那裡的集體能量是善的，有益於身心的。

第三種「食糧」是感官的印象，指的是我們在音樂、雜誌、電影、對話以及廣告的內容吸收的東西。如果我們閱讀一篇文章、看一部電影或者欣賞一個節目，裡面的內容充滿暴力與憤怒，這些能量會滲入我們的身心。我們需要選擇自己消費的對象，決定什麼可以消費、什麼不可以消費。

心理治療師們需要非常小心。作為一名心理治療師，你聆聽很多不同類型的痛苦與憤怒，你需要有很穩固的修習以維持健康與穩定，要不然你會病倒。你嘗試提供幫助，但前來見你的人的負面能量會侵入你的身心。每一位心理治療師都需要建立一個共修團體，那個團體每個星期相聚，給與你保護與滋養，要不然，你將會精疲力盡，無法幫助別人了。

佛陀用了很多時間建立僧團，我們也應該這樣做。我們可以在自己的周圍尋找可以成立共修團體的人，建立共修團體給與我們保護與滋養並維持精進的修習。不然的話，我們將會在幾個月後停止修習，那麼，感官的印象——我們通過眼睛、鼻子、耳朵、身體以及心識所吸收的將滲入我們的身心。正念消費是能夠保護自己、家庭以及保護社會的修習，是療癒自己與防止摧毀地球之道。

第四種「食糧」是可進食的食物。我們應該只吃為身心帶來安詳與健康的食物。我們以保持內心慈悲的方式進食，如果我們能夠這樣做，就能拯救地球，給與我們的孩子一個未來。

第十五項練習是觀照止息：

吸氣，我觀照止息。

呼氣，我觀照止息。

止息的意思是指涅槃——止息所有概念，實相就在其中。實相的本質超越所有的概念，包括生與死、存在與不存在的概念，這是禪修的核心，解脫的最後功夫。觀照無常、無我、空以及不生不滅，可以達到如此解脫的境界。生與死的概念是痛苦、焦慮以及恐懼的源頭，只有獲得不生不滅的智慧，我們才能夠超越焦慮與恐懼。

第十六項修習是觀照涅槃、寂滅：

吸氣，我觀照捨離。
呼氣，我觀照捨離。

這個練習是要拋棄、捨離所有的概念以達到解脫。這種定可以幫助我們觸及真相的本質以及甚深智慧，令我們有能力從恐懼、憤怒與絕望中解脫。「涅槃」這個字的意思是指寂滅。涅槃並非是一個可以去到的地方，也不是一個會在未來出現的東西。涅槃就是真相的本質，存在於此時此地。

海洋中升起的海浪是由水組成，但有時候海浪忘記了自己的本質是水。一個海浪有浪頭、浪尾、潮起、潮落；與其它海浪比較，一個海浪可能升得較高或較低，有力或無力。如果那片海浪陷於浪頭、浪尾、潮起、潮落以及有力與無力的概念中，它將會感到痛苦。但當它明白自己的本質是水，情況即時轉變。作為水，它不再介意浪頭、浪尾、潮起、潮落，它享受起落，它也享受成為這片海浪，或者成為其它海浪；沒有分別，沒有恐懼。它不用到別處去尋找水，在此時此刻，它就是水。

我們的真正本質無始無終、不生不滅。如果我們能夠接觸自己的本性，就不會有恐懼、憤怒以及絕望。我們的真正本質是涅槃的本質，我們從無始以來就在涅槃中。

我們以為，死亡就是我們由一個存在突然變成不存在，由某個人成為沒有這個人。我們知道雲不會死，雲會成為雨、雪、冰雹、河流、茶或者果汁，雲並沒有死亡。雲的本質是不生不滅的本質。如果你的親人剛過世，請你在那位親人所展現的新形式中找到他。他是不可能死亡的，他會以不同的方式繼續存在。以佛陀之眼，你可以辨識出他在你的身邊、在你之內。「親愛的，我知道你還在這裡，以一個新的形式存在。」

我們出生之前就已經在母親的子宮裡，在這之前，我們的一半在父親那邊，一半在母親那邊。沒有東西來自無物，我們不可能來自無物，我們一直以不同的形式存在。我們的本質是不生不滅的本質。

涅槃的意思是止息所有概念，包括生與死、存在與不存在的概念。第十六項練習是要拋掉、放下所有的概念，成為完全自由的人。

練習3 ◯ 來自你內在小孩的信

Glen Schneider

這個修習方法結合了兩個練習，分別是寫一封信與聆聽內在小孩要告訴你的話。在修習這個練習的時候，記得問內在小孩這個問題：「你覺得怎麼樣？」提出這個問題比回憶童年時經歷的細節更有幫助。還要記得問另一個問題：「我們已經是成人了，你現在有什麼想要的？」

然後寫一封你認為內在小孩會寫的信。這封信可能是一張長長的需求列表，將令你非常忙碌。我的內在小傢伙要的東西包括一隻可以抱著睡的絨毛動物玩具、柳橙雪糕、Swanson公司的冷凍雞肉餡餅（我是素食者！），以及要求見我最喜歡的一位表哥，我們已經三十多年沒見面了。

當你提起你的筆，請寫下所有在你腦裡顯現的東西。不要想怎樣寫得好一些，只是寫下來。這個練習的關鍵是與內在小孩建立溝通。

我已經差不多完成我的內在小孩列出的清單上的所有事情，自從我開始這樣做，我覺得自己更加安穩以及快樂，這個感覺非常真切、深入。

練習4○

五項觸地法

「接觸大地」的練習又稱為頂禮或跪拜。這個練習幫助我們回歸大地，返回自己的根源；也讓我們覺知到自己不是單獨存在的個體，而是與許許多多靈魂先輩、血緣先輩以及大地聯繫在一起的。修習接觸大地時，我們會放下「自己是單獨孤立」的觀念，提醒自己是大地、生命的一部份。

接觸大地的時候，我們吸入大地、靈魂先輩以及血緣先輩的所有力量與安穩，呼出自己所有的痛苦——憤怒、憎恨、恐懼、缺乏自信與悲傷的感覺。

第一項觸地法

我帶著感激，禮敬歷代先人和父母雙方血緣家庭。

我看到父母的血肉和生命在我每個細胞和血管中流動。通過我的父母，我看到我的祖父母和外祖父母。他們的能量、期望、憧憬，以及歷代先祖的智慧和經驗都傳遞給了我。我敞開身心接受他們傳遞給我的智慧、經驗和慈愛。我知道所有父母和祖父母，都愛護、庇佑和護持子孫，儘管有時由於困難或不幸，他們未能善巧地表達對子孫的愛和支持。我知道我的根在父母、祖父母和祖先之中，我只是先人和宗族的延續。我接觸大地，接受血緣家庭和先祖的能量。請父母、祖父母和先祖護助我，庇佑我，傳遞更多能量給我。

第二項觸地法

我帶著感激，禮敬歷代靈魂先輩。

我看到在我之內的老師和祖師們，他們為我展示愛與理解之道，以及呼吸、微笑、寬恕和活在當下之道。我敞開身心，接受來自覺悟者、他們的教導、以及修習有關教導的團體傳遞的理解的能量、慈愛和庇護。我願修習轉化內心和世界的苦痛，並發願把歷代靈魂先輩的能量傳遞給下一代的修習者。

第三項觸地法

我帶著感激，禮敬這片土地及開創土地的歷代先人。

我看到了自己在這片土地上受到完整的保護和滋養，歷來所有曾經在這片土地上的萬物生靈，盡其所能讓生命更具價值。我看到自己觸及到了過去生於這片土地的所有先人，他們與所有生物以及大自然和諧共處，護衛著山林、動物、植物以及礦物。我感覺這片土地的能量滲透在我之內，支援我、保護我。我願保存和延續這能量之流，幫助轉化社會中的暴力、仇恨和無明，讓下一代享有平安、快樂與和平。請這片土地保佑和指引我。

第四項觸地法

我帶著感激與慈悲，禮敬血緣家族和靈魂家族，

請庇護所有我愛的人。

我願把我現在接收到的所有能量，傳遞給我的父親、母親、每一位我愛的人、以

及曾經因我的笨拙和愚昧而擔憂和苦惱的人。我願他們的心平靜安和，能夠轉化心中的苦痛，感受生命的喜悅。我全心全意祈願他們幸福安樂。我知道，如果他們安樂，我也安樂。我禮敬祖先，願血緣和靈魂家族的先人，保佑和指引我所愛的、發願愛護和照顧的人。我知道我並不是獨立存在的，我和我愛的人是一體。

第五項觸地法

我帶著理解與慈悲，禮敬血緣家族和靈魂家族，

請讓我和所有令我痛苦的人和解。

我打開心扉，傳送理解和愛的能量給曾經令我痛苦的人。我知道他們曾經歷許多痛苦，心裡充滿煩惱與憤恨。他們可能從童年起就缺乏照顧和關愛，受到生活折磨和迫害；他們可能沒有機會學習和修習，對於自己、對於生命有錯誤的認知。我祈願他

們能夠轉化痛苦，找到生命的喜樂，不再令自己和別人痛苦。我了解他們的痛苦，對他們已經沒有怨恨或憤怒，我不想他們繼續受苦。我傳遞愛與理解的能量給他們，並祈請我的血緣家族和靈魂家族幫助他們。

練習5○和平便條

當有人令我們困擾或憤怒，我們要在二十四小時內告訴對方。如果我們覺得心煩意亂，未能以愛語跟他對話，我們可以在二十四小時的期限內給他一張「和平便條」。

和平便條

日期：

時間：

親愛的◎◎◎，

這個早上（下午），你說（做）了一些話（事情）讓我很憤怒，我感到非常痛苦。我希望你知道這件事。你說（做）了：

請讓我們在這個星期五傍晚（或其它日子），以冷靜與開放的態度一起檢視你所說（做）的話（事情），同時互相探討這件事。

此刻不是很快樂的，

◎◎◎（簽名）謹上

練習6○重新開始

「重新開始」這個練習，可以在家庭、共修團體以及和我們在溝通上出現困難的人一起修習，我們甚至可以與自己修習「重新開始」。在梅村，僧團每個星期就會修習一次。修習的時候，大家圍坐一圈，中間擺放鮮花。等待帶領這項練習的同修開始講話的時候，我們隨順自己的呼吸靜心等候。這項練習分四個部份：灌溉心中的花朵、道歉、表達受傷害、說出困難並尋求幫助。這個練習幫助我們避免將受傷的感覺積聚超過一個星期，藉此令團體的每一名成員享有與其他人和諧相處的環境。

第一個部份是「灌溉心中的花朵」。開始的時候，準備分享的人會雙手合十，顯示她希望分享的意願，其他人跟著一起雙手合十，表示已經準備聆聽。那位分享者隨之站起來，以正念的步伐走到擺放鮮花的中央位置，她會向鮮花鞠躬，然後拿起鮮花返回自己的座位。當她講話的時候，她的言語如她面前的鮮花一般清新、美麗。分享者確認她所談及的對象擁有的美善素質，這不是要討好對方，我們只是說出真實的情況。每個人都有強項，當我們深入觀察時就能看到；分享人講話的時候，不會有人干擾她，她能夠暢所欲言，其他人則修習慈悲聆聽。當她講完話，她會站起來，將花送回中央。

我們不應低估「灌溉心中的花朵」的重要性。當我們誠懇地確認對方的美好素質時，我們就不再保留對那個人的怨恨與憤怒，我們的心將自然柔和，心胸更廣闊、更具包容力。當我們不再陷於錯誤認知、憤怒以及挑剔，就很容易找到與團體或家人和解的方法。這個練習的本質是在團體的成員之間重建愛與理解的關係。

第二部份是「道歉」，我們為自己曾經做過傷害對方的事表達歉意。一個輕率的措辭就能夠傷害別人。「重新開始」給與我們反省自己在一星期內所犯的過錯，並進行彌補。

第三部份是「表達受傷害」，如果對方曾經傷害我們，我們可以在這時候表達出來，但記得要用愛語表達，因為這個修習的目的是要令團體更和諧，而不是造成分裂。我們坦率地說出心底話，但不想造成傷害。修習聆聽是這個練習的重要部份，當修習深入聆聽的朋友們圍坐在一起，我們的言語會更加溫和與具建設性，不會互相責備或爭論。

這項修習的最後階段是「說出困難並尋求幫助」。在這部份，慈悲聆聽是關鍵。我們懷著希望能夠舒緩別人的痛苦的意願，聆聽對方的傷痛與苦惱，而不是要判斷對方或者與她爭論。我們全神貫注地聆聽，即使聽到不真實的訴說，仍然維持專注聆聽，讓對方能夠表達痛苦的感受，釋放內在的緊張。如果我們在她分享期間作出回應或者指正她，這個練習就無法得到預期的作用了。我們只是純粹聆聽。如果我們很想告訴對方，她的看法並不正確，可以等到幾天後，在私人的場合，確定雙方都是心平氣和的時候告訴她。在下一次修習「重新開始」的時候，她可能會修正自己的錯誤，不用我們講任何話。

在「重新開始」的練習結束前，我們會一起唱一首歌或者是手牽手正念呼吸一分鐘，圓滿地結束這個修習。

練習7 ○

釋放情緒與肢體運動

法印法師

當我們靜坐尋找煩惱與執著的根源時，來自童年的強烈影像可能會在一兩分鐘之內顯現，此時我們需要非常關注身體的反應。我們的身體可能會顫抖，然後放聲大哭，嗚咽或許會持續幾分鐘甚至更長時間，這對釋放情緒非常有效。之後，我們將覺得身體輕盈了，通常能夠得到甚深洞見並感到輕鬆自在了許多。

哭泣與釋放具有很大的療癒效果，療癒的效果是可預料的。當令我們痛苦的事情首次顯現時，它的能量在一至十的程度中達到十的最強烈程度；第二次顯現的時候，它的強烈度減至八了；然後是六、四、三、二、一，最後，那個能量得到完全釋放。

此時我們能夠深入觀察，理解與真愛隨之生起，我們不再憤怒，而是能夠了解曾經傷害過自己的人，並能夠真正關愛對方。

在釋放與緩和情緒的過程中，或是導致痛苦的情景顯現的時候，保持不受困擾非常重要：保持心情平和，只是觀察，讓有關情景自然顯現。真正的療癒來自真正的理解。

強烈情緒的能量會留在身體以及某些器官內，如腎臟、肝臟或者心臟，當這些能量釋放後，身體與部份器官將非常脆弱，甚至失去平衡，因此，我們需要照顧它們，用一些肢體運動，例如太極或者氣功，推動身體與器官的能量流動，幫助身體復元。

InSpirit 02

和好

療癒你的內在小孩

作　　者　一行禪師 Thich Nhat Hanh

譯　　者　汪　橋
責任編輯　蔡欣育
封面設計　劉孟宗

出 版 者　自由之丘文創事業
發　　行　遠足文化事業股份有限公司（讀書共和國出版集團）
　　　　　231 新北市新店區民權路 108-2 號 9 樓
電　　話　02 2218 1417 傳真 02 8667 1065
劃撥帳號　19504465 戶名：遠足文化事業股份有限公司

定 價 340 元
初版　2012 年 8 月・二版　2017 年 8 月・三版17刷　2023年 8 月
ISBN　978-986-969-589-3　　Printed in Taiwan

歡迎團體訂購，另有優惠價，請洽業務部（02）2218-1417 分機 1124

RECONCILIATION : healing the inner child
by Thich Nhat Hanh

國家圖書館出版品預行編目 (CIP) 資料

和好 : 療癒你的內在小孩 / 一行禪師著 ; 汪橋譯
三版 · 新北市：自由之丘文創，遠足文化，2020.01
224 面；14.8×21 公分
譯自 : Reconciliation : healing the inner child
ISBN 978-986-96958-9-3(平裝)

1. 佛教修持 2. 生活指導

225.87 108022014